U0929118

爸爸去哪儿
第二季
（家教版）

《爸爸去哪儿》栏目组 编著

Where Are We Going? Dad

长江出版传媒
长江文艺出版社

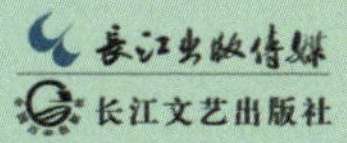

新出图证（鄂）字 03 号

图书在版编目（CIP）数据
爸爸去哪儿第二季.家教版/《爸爸去哪儿》栏目组编著.
--武汉：长江文艺出版社，2015.1
ISBN 978-7-5354-7810-8

Ⅰ.①爸… Ⅱ.①爸… Ⅲ.①儿童教育-家庭教育-
通俗读物 Ⅳ.①G78-49

中国版本图书馆CIP数据核字（2014）第295521号

统　稿：马志明　　图书监制：郎世溟　刘杰辉
责任编辑：吴　双　胡　家　　装帧设计：晓　东
责任校对：刘配书　　责任印制：张伟民

出版：长江出版传媒　　地址：武汉市雄楚大街268号
长江文艺出版社　　邮编：430070
发行：长江文艺出版社
北京时代华语图书股份有限公司　（电话：010-83670231）
http：//www.cjlap.com
E-mail：cjlap2004@hotmail.com
印刷：北京尚唐印刷包装有限公司

开本：690毫米×980毫米　1/16　　印张：14
版次：2015 年1月第1 版　　2015 年1月第1 次印刷
字数：100千字

定价：39.80元

《爸爸去哪儿》第二季
湖南广播电视台官方图书

出品人：吕焕斌

编委会：张华立　胡卫箭　龚政文
罗　毅　罗伟雄　聂　玫
王　维　穆　勇　黄　伟
王　平

总监制：张华立

监　制：李　浩

策　划：谢涤葵

主　编：谷　良　刘正勇

首席编辑：杨　昀　阳　光　宋　洁

编　辑：罗　希　刘双昀

特约育儿专家

张幼珠博士

《爸爸去哪儿 2》图书官方特邀亲子教育专家。亚洲蒙特梭利教育权威，美国南加州大学教育学博士。曾任职于台湾教育部社会教育司。2000 年受时任上海静安区教育局邀请，为上海幼教教师提供专业的蒙特梭利体系培训。2005 年，在静安区教育局的支持下，创办了上海蒙特梭利教育进修学院，目前拥有美国蒙特梭利总部(AMS)授权 0-3 及 3-6 教师培训资质。

张威女士

《爸爸去哪儿 2》图书官方特邀亲子教育专家。在英国学习、工作十年，在曼彻斯特商学院攻读博士期间获得英国教育部 ORS 海外学者研究奖学金。投身儿童早期教育行业多年，于 2012 年将 BBC 长期合作伙伴，英联邦早期教育与咨询领军品牌“YogaBugs”引入中国，发起并推动“亲子社区、社区亲子”项目，致力于将国际先进育儿理念和早教课程引入家庭乃至大众市场。

序

写在前面

从英国到中国，从成为母亲到投身于早期教育事业，不遗余力推动不同文化背景下育儿理念和体系的交流、实践，一路走来感触良多。听到过一个极端但形象的比喻："中国式家庭 = 焦虑的母亲 + 缺失的父亲 + 失控的孩子"，似乎道尽当代社会亲子养育各种心酸和窘境。湖南卫视强档节目《爸爸去哪儿》第一季及第二季热播，引发社会关注，话题在节目细节中展开讨论。电视上呈现的各种细节伴随着温情，娱乐过后是深思。现实生活和工作中，我与无数的家长接触，深深感到，父母们最大的问题、隐藏在内心的恐惧是不知道怎样科学地养育孩子，怎样心态轻松地爱孩子，焦虑的背后是各种茫然和无奈。我的好友，儿童心理学家、二宝辣妈严艺家建议要"相信自然而然的爱，接纳自然而然的情绪"，但这样从容的自信应该是来自于知识、经验，来自于"与孩子一同成长"的积极心态。"Being a parent doesn' t make you a good parent."某种意义上来说，"Positive parenting"是每个父母的必修课。

《爸爸去哪儿》集合了各种流行元素，其中最大亮点在于平时光环笼罩下的明星回归普通爸比一枚，会生气会疲累会无奈会爆发，各种情绪无法掩饰也无法忽略，亮光闪闪的众多亲子养育正反实例举不胜举。同时，这也使得我们有可能采取一种生动形象的方式为焦虑而茫然的父母们提供深入浅出的实例分析、温和易行的建议，鼓励父母放低视线，理解孩子的行为思想从而进行有效沟通，真正享受与孩子一同成长的过程 ——

这正是我们写作这本书的初衷和最大动力！

本书的独特之处在于将蒙特梭利教育法作为整合基本观点和叙事角度的基本框架，在理论方面的深度和广度深切得益于张幼珠博士 30 年从事蒙氏教育的理论实践经验。不同于死板的所谓“砖家解读”，本书从内容到形式，活泼亲切，蒙氏理论在这里，真正成为一个贴近生活的理念，对日常现象进行科学分析和有效指导。

举一个例子，在《爸 2》播出伊始，就有观众提出质疑，本季参与的明星家庭混搭，从不到 3 岁的 Grace 到已满 8 岁的黄多多，孩子们的年龄差距太大，自然而然行为反应各异，难以评判对比。有趣的是，节目组的这一设置，却恰好符合蒙特梭利博士提出的“混龄学习”概念，即将不同年龄的孩子放在同一环境，从而促进儿童的社会化发展。蒙特梭利博士在其经典著作《吸收性心智》中提出，年龄段不同的儿童之间有一种很自然的心理联系，通常年龄小的儿童更容易对年龄大的儿童产生倾慕之情，并喜欢通过模仿来激励自己，做年龄大的儿童所做的事情；反过来，年龄大的儿童乐于向年龄小的儿童就其遇到的困难进行讲解，并在此过程中对自身的知识进行分析梳理，从而有更深入的理解。因此，从学习知识的角度，“混龄组”学习效率更高；从社交和情商发展的角度，“混龄组”少有出现同龄人之间的嫉妒等负面情绪，普遍更加友爱和谐。

这恰恰是我们从这一季节目中，随着一集一集向前发展，所看到的呈现出来的结果：无论是爱哭的“姐姐”还是“杨阳洋”，在闹别扭时，多多姐姐出面比爸爸们还管用。在多多姐姐细心关爱团结这个小集体的同时，我们也看到在这个过程中她的领导力、责任心、解决问题的能力等等都得到了很好的锻炼。我们不禁要给所有的孩子点赞，夸一句“你们都好棒”！其实这样的“混龄”设置在生活中比比皆是，比如小区的play group，甚至是同一家庭的兄弟姐妹们。以科学和积极的角度看待，往往在这样高度模拟真实社会的人际关系中，孩子们的进步和发展令人惊喜。看到这里，您是不是跃跃欲试，想要让自己的孩子也更多体验一些蒙氏的“混龄”班级设置，或者已经迫不及待想要翻开本书看看内里更多类似的能够紧密联系日常生活，却被我们以往所忽略的亲子育儿方面的实例点评了呢？

这本书的写作是轻松有趣，但同时又是不断引发新思考的过程。我们诚恳希望，以此书聚集更多的对亲子育儿话题的关注度，同时，以此为平台和起点，引发更多的思考和讨论，让更多的家长和孩子从中受益。

非常感谢编写小组金瑾、倪盈两位工作人员细心搜集并整理素材，为成就本书贡献良多。最后，特别感谢以下朋友及机构对本书的支持：

上海蒙特梭利教育进修学院

上海意伽投资管理有限公司

华聿蒙园

优格宝贝儿童会所

朱亮亮 （出版人，教育和文化产业研究者）

戴昊 （上海山门文化传媒有限公司）

周汉民（新爱婴早教中心）

我们，下一季再见！

张威

2014年12月

目录

爸爸去哪儿

第二季（家教版）

第一章　曹格家庭篇

1

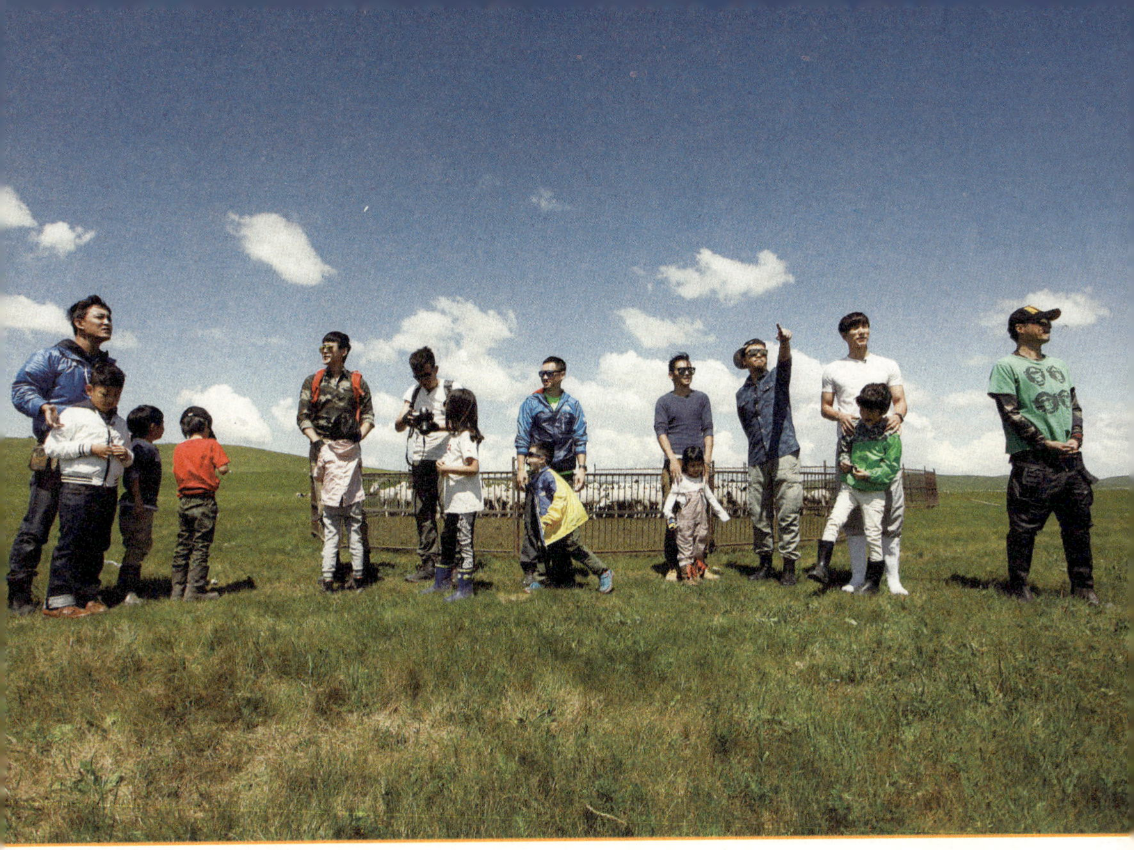

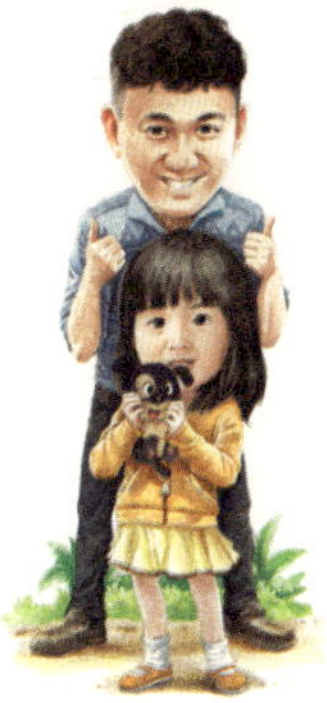

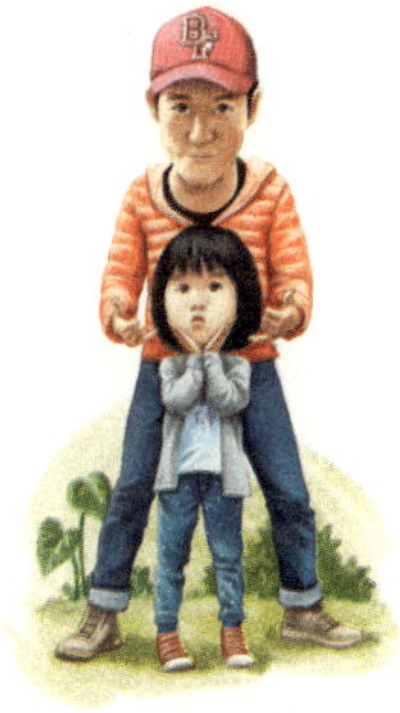

第四章　杨威家庭篇

第五章　吴镇宇家庭篇

第一章

曹格家庭篇

贝
曹
格
老
爸
RACE
宝
贝

仙爸曹格：他们是上天给我的老师

带着 Grace 和 Joe，曹格家庭是两季《爸爸去哪儿》中唯一以“二宝”形象出现的家庭。曹格和两个萌宝在公众面前的出现，给众多有二宝或打算要二宝的爸爸妈妈们做出了一些示范，和一些提醒。

在本季《爸爸去哪儿》的 5 位爸爸中，曹格无疑是表现得相当感性的一位，从首次出场时，他自己和太太爱意浓浓的“goodbye”，两个孩子和妈妈腻歪的亲亲告别就可以看出，“爱”是曹家家庭性格的不二属性。善于表达、乐于表达对家人的爱，养成了两个孩子活泼乐观的性格。正是由于这种以爱为第一要义的教育思路，曹格在和孩子相处的过程中，也总是不断地反思，他反复强调“孩子是上天给我的老师，教我怎么去当一个好儿子和好丈夫”，认为“孩子是最单纯的，最没有污染的，这些反而是我们现在该学习的东西”，在孩子哭闹厉害的时候，甚至会超级自责到自我否定，认为“已经不知道应该怎样当一个爸爸，我怎么这么差，我这样怎么当老爸”。

曹格是将自己放在了和孩子平等的高度，但他的这种平等和黄磊家的平等有所不同，如果说黄磊将多多当成了朋友，曹格则真的，如同他自己强调的，在不断从孩子身上学习。

曹格这种“将孩子当成老师”的教育理念，与蒙特梭利的教育理念相当契合，教育学大师蒙特梭利曾经说过：“成人应该敬畏儿童”。她非常坚定地认为成人应该向孩子学习，要敬畏孩子与生俱来的创造力与大爱的心，认为成人在教育孩子的过程中，应该去反省，因为在跟儿童打交道的过程中，成人经常以自我为中心，他们从自己的角度出发看待儿童的心灵，自以为需要为孩子做所有的事情，不断地给孩子各种指导。这就是我们常常说的“代沟”，家长抱怨孩子不懂大人的付出，孩子抱怨大人不理解自己的源头所在。

所以，曹格将孩子当成了老师，在和他们相处的时候，尽量和孩子保持同一视角，在整个《爸爸去哪儿》的节目过程中，曹格也学习到，和孩子的相处“不应该一

直教，也要去听他们，更仔细地去听他们的表达，才能够真正知道他不听话的问题是在哪里。”

在处理两个年龄差距仅 2 岁的孩子之间的关系时，曹格的表现也是相当地可圈可点，甚为高明，少介入、少干预，在强调要“Love each other”的前提下，营造一个温馨有爱、更加公平的环境，至于孩子的小小矛盾，尽量让孩子自己去解决，而不是总是去充当一个裁判的角色，这样不仅让孩子自己学习到了与人相处的方法，也避免了父母不能充分了解情况造成的误解和误判。

曹家的“故事教育法”在整个节目中也尤为亮眼——从第一次兄妹俩闹矛盾开始，到比赛落后还不忘用龟兔赛跑的故事教育孩子，几乎每一个晚上都有一个简单的小故事，婉转地希望 Grace 能更坚强，不要老是哭，快乐地表扬 Joe 积极完成任务，没有严肃的批评，没有尴尬的指责，让孩子自己从故事中去领悟和学习，既保护了孩子的心灵，又达到了教育目的，“故事教育法”确实不失为一个值得借鉴的教育方法！

在这样的家庭中成长，有这样的爸爸陪伴，难怪 Grace 和 Joe 都这么的开朗和活泼。曹格在节目开始时也谈到，Joe 比较像妈妈，很敏感，很有感情，有爱心，Grace 比较像自己，性格也比较硬一些，比较有自己

的想法，她认为大姐姐很酷，急着想长大，所以坚持要所有人都喊她姐姐，所以，无论是在自己家，还是在节目中，真的所有人都将年龄最小的 Grace 叫做“姐姐”，虽然这个“姐姐”有点爱哭，喜欢撒娇，但是要知道，会撒娇也是一种能力，何况直接表达真实的情感，这正是她真性情的流露，是最可爱的表现。而 Joe 呢，对自己哥哥的角色把握得相当到位，从心底里关心这个好强的妹妹，有时受了些委屈，也会默默地让着妹妹，相信曹格在整个节目之后，对 Joe“有些害羞”的印象已经改变了，因为他亲眼看到了 Joe 在对待任务时的认真和执着，这种认真和执着，正是他自己的影子在孩子身上的映射。

8 次旅行，只属于爸爸和孩子们，正如同曹格参加节目的初衷，相信孩子们一定会记得这场和爸爸在一起的特别的探险。我们也看到了一个用感性表达理性的爸爸，和两个聪明可爱的孩子，10 年、20 年以后，拿出来看时，和逐渐老去的老爸一起笑，一起讨论当年的糗事、乐事，一定别有一番滋味。

第一课：有爱＋公平，创造相亲相爱大家庭

本季《爸爸去哪儿》，曹格勇敢地将两个年龄都不大的孩子同时带到荧幕面前，可谓是充满了勇气。曹家的这对暖兄萌妹所表现出来的相亲相爱，也是萌翻了亿万观众，让大家看到了二宝家庭的温馨和甜蜜。虽然偶尔也有争吵和矛盾，但在亲人间无比强大的爱的感染中，这对兄妹总能带来窝心的甜蜜时刻。

【节目情景再现】

整季的《爸爸去哪儿》中，Joe和Grace的小故事总是能牢牢抓住观众的心，但我们可以看到，兄妹间的争执是很少的，相亲相爱才是这两个可爱孩子的主旋律。

Joe 和 Grace 之矛盾篇：

在节目播出伊始，Joe 和 Grace 就发生了一点小小的摩擦：在武隆天坑的第二天，独自到市场完成购物任务的孩子们兴高采烈地出发了，基本顺利完成老爸交代的采购任务后，Grace 和 Joe 在一个玩具摊旁徘徊不前。Grace 默默地拿起一串头花，用渴望的眼神看着。摊主问 Grace："你要买这个吗？" Joe 赶紧关心地问妹妹："你想要吗？" Grace 肯定地"嗯"了一声。可是他们已经没有钱了，Joe 恳求店主："可不可以送给我妹妹一个？" 店主答应了 Joe 的请求，送了一个粉红色的头花给妹妹。真是当之无愧的"中国好哥哥"！

Joe 自己也看中了一个"光头强"的锯子，可是却不好意思张口再要。店主看到这么可爱懂事的孩子，提出了一个简单的要求，只要他们说声"谢谢"，就可以免费得到"光头强"的锯子。Joe 赶紧说了"谢谢"，店主又看着 Grace，等着 Grace 说"谢谢"。但是 Grace 长久沉默，就是不愿说，这让原本愉快的气氛突然凝重起来。

Joe 虽然委屈，却没有说什么。这时候，旁边一位大人也过来劝 Grace："哥哥帮你争取了一个头花，你要帮哥哥呀！你说一声'谢谢'，可能阿姨就送一个玩具给哥哥了，你的头花就是哥哥请求阿姨送给你的呀，对不对？你看哥哥都要哭了！"

Grace 以自己的逻辑说："如果是我说'谢谢'，那玩具就变成我的了呀？那我不想给哥哥了。"

这位大人还在努力劝解 Grace，可是 Grace 忽然将责任推给了 Joe，她说："我说不要买太多东西……然后哥哥还要买。" Joe 听见这句话，终于忍不住生气了："那为什么你可以买？"

Grace 说："因为我喜欢这个。"

Joe 气愤地说："那还给我，给我，还我。"

兄妹俩僵持不下，集市里的本地小孩纷纷过来安慰这对赌气的兄妹，有的孩子还给 Joe 送来了玩具，但都被 Joe 拒绝了。

多多试着开导兄妹俩："你们记得今天早晨吗？你爸爸说你们两个人不能吵架。"

Joe 撅着嘴，不愿意主动和好。因为年龄太小，没有人责备 Grace。

多多灵机一动，她从想送玩具给 Joe 的男孩手里拿过玩具递给 Grace，悄悄地对 Grace 说："把这个给你的哥哥，你最乖了。"

Grace 终于下定决心，决定主动和好，她把玩具递给哥哥，说："哥哥，这个你要吗？"

Joe 没有接受，依然在生气。

Grace 也生气了，大声说："Joe，你要吗？你要吗？Joe，你要吗？Hello，弟弟！Hello，弟弟！Hello，弟弟！"

被激怒的 Joe 猛地推开 Grace，Grace 摔倒在地上大哭起来，喊着要回家找妈妈。

多多赶紧上前安慰妹妹，批评哥哥。多多劝 Joe 跟大家一起回去，Joe 心里的委屈一时间排解不掉，在多多转身离开的时候，他拼命压抑自己的情绪，默默地擦着眼泪，最后终于控制不住，哭了起来。

这场兄妹间的争吵，最终在回程的车上得到了圆满解决。在贝儿的开导下，Joe 主动向 Grace 认错，故事的最后，则是在晚上，爸爸知道了故事的始末后，超有爱地将两个人的手牵到一起，然后自己放手，告诉他们，以后不管怎么样，Grace 和 Joe 都要“love each other”的家庭观点，让两个孩子带着快乐，幸福地进入了梦乡。

Joe 和 Grace 之甜蜜篇

虽然在天坑的集市发生了争执，但从集市回家后，孩子们紧接着开始赶猪的任务，这时候的 Grace 和 Joe 早已和好如初，面对小猪有些手足无措的 Grace，大哭着喊着要去找哥哥。

在第二站新叶古村的旅行中，当Joe和多多分享一瓶布丁时，得知布丁是鸡蛋做的，Joe立马紧张地问道:“那刚刚我妹妹有吃这个吗？……不能，因为我妹妹不能吃蛋！”这样一个小小的细节，我们就能够看出，Joe对Grace真的是非常关心。

在台北花莲，Grace想要从床上下来出门，却不会自己穿鞋，Joe贴心地帮Grace穿好了鞋子，担心Grace摔倒，还很大力地将她从高高的里屋抱下来。

这只是在旅行过程中，不经意流露出来的兄妹间的甜蜜瞬间，还有无数次睡前的嬉戏打闹，已经让人感受到了孩子们真挚的感情。

同时，曹格作为爸爸，当看到兄妹其乐融融时，自然是无比享受的，即便是兄妹间发生了不愉快，他的态度也是十分的冷静，例如在天坑集市发生的事情，曹格也并没有去批评指责谁不对，而是用爱的教育，告诉兄妹俩要“Love each other”，甚至在台湾花莲，当Grace哭着说“我有很多错，可是哥哥都不原谅我”时，曹格也告诉Grace，“哥哥要不要原谅你，是你要跟他处理的，不是爸爸。”

【家庭亲子宝典——二宝关系，公平是最重要的原则】

曹格家的二宝关系其实是十分美好的，正如我们看到的，孩子间闹闹矛盾在所难免，但有了矛盾转瞬就和解，相亲相爱远远多过扯皮，这是曹格家庭教育十分成功的地方。

Love each other，是曹格常常念叨的一句话，当兄妹间出现了需要大人调解的矛盾，爸爸的处理方式也不是评判谁对谁错，一方面是告诉他们要爱对方，另一方面，便是不过多介入孩子之间的事情，这也是曹格在处理二宝争执时比较高明的地方。其实孩子间的相处有他们自己的一套原则，这个原则和大人心中的标准可能是不一样的，如果不是非常激烈的矛盾，孩子可以自己解决时，大人确实应该放手，交给孩子自己搞定。

这种不介入，并不是完全不管，只是少管，并且暗含着二宝家庭亲子教育非常重要的原则——公平对待。

就好像天坑集市上，Joe和Grace的矛盾，其原因并不在于谁有玩具谁没有玩具，而在于为什么我可以帮你要一个玩

具，你却不愿意说一句谢谢来帮我得到一个玩具呢？但 Grace 也有自己的逻辑，那就是如果她说了谢谢，那个玩具就应该归她。这时候如果曹格非要说谁错了，总会让一个孩子感到委屈，所以，最好的办法，是让孩子自己去解决问题。

在二宝家庭的教育方法中，家长需要认识到，二宝之间既有陪伴关系，也有竞争关系，尤其大宝对二宝的示范作用不容忽视。

在非独生子女家庭，大宝和二宝在彼此生命中是非常独特的角色，他们在同样的生活环境中成长，对彼此的生活渗透都相当的多，但同时，这种关系与家庭其他成员相比，又相对平等。

二宝的相互陪伴弥补了独生子女缺少朋友带来的负面心理影响，对孩子加强个人自我价值的概念有着非常重要的作用。由于家有二宝，孩子之间自然而然学会关心和照顾他人，学会彼此间分享玩具、食物、游戏、思想等。

当然，二宝之间的关系随着年龄的增长而变化。研究显示，在儿童时期，积极的二宝关系有促进健康和适应能力功能；而负面的二宝关系则会增加脆弱感以及问题行为。对于青少年来说，亲密和积极的二宝关

系是非常重要的支持并且促进发展亲社会的行为；反过来，充满冲突和侵略性的二宝关系则会导致行为不良甚至同伴间的反社会行为。所以，和谐的家庭关系，尤其是孩子间的和睦关系，对于孩子未来的成长至关重要。

同时，二宝之间的竞争关系，主要目的是争取父母更多的关注，因此，注重公平和积极的引导对孩子间和睦关系的维持至关重要。

儿童心理学家 Sylvia Rimm 观察到，孩子间的竞争在年龄差距较小或者同性别，或者其中一个孩子显现特殊天赋时，尤为明显。同时，密歇根大学的 Kyla Boyse 在其研究中也提到，孩子间竞争性的行为，是一个孩子希望确立自己的个体地位以及区分于另一个孩子的主观行为，主要目的是争取父母更多的关注，以及争取他人对自己的认可度，中国老话讲的“会叫的雏儿有虫吃”说的就是这个意思。在日常的生活中，即便是最注重公平的父母，也难免会有偏向，例如更偏向于年龄较小的孩子，或者更偏向女孩，或者更偏向于乖巧的孩子等等。所以，如果感觉到不平等时，孩子间的竞争则会比较激烈。

因此，对于父母来说，应该尽量少在孩子间进行比较，而是引导他们通过积极的方式来取得父母的关注。

在都江堰，孩子们要离开爸爸到树屋单独睡一晚，唯一陪伴的爸爸是曹格，当爸爸们冒着大雨，踩着泥泞将各自的孩子送到树屋时，曹格因为要照顾年龄较小的 Grace，将 Joe 交给村长照顾，却没有跟 Joe 说清楚，

导致 Joe 以为爸爸将他遗忘了而大哭不止。这也是家长在处理二宝关系时需要注意的要点，当有急事发生时，要注意照顾到每个孩子的情绪，即便只能全力以赴照顾一个，也要将当下的情形以及父母要做的事情跟另一个孩子讲清楚，及时做好情绪的疏导，让孩子每时每刻都有被照顾到的安全感。

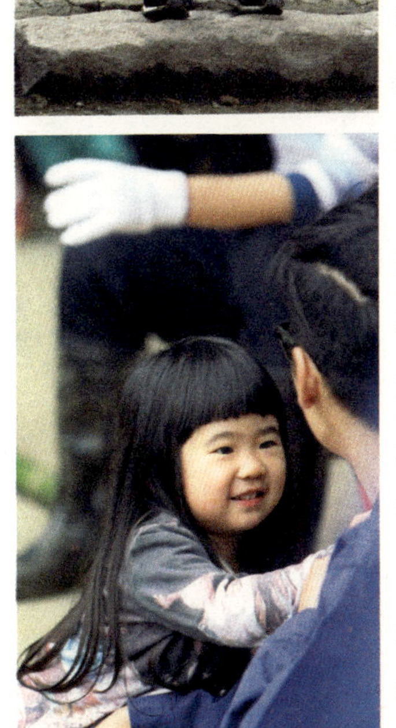

【父母课堂贴士】

1、可以常常策划有趣的家庭活动，父母花更多的时间和孩子相处，营造更好的家庭生活环境，并保证每个孩子都有自己足够的时间和空间去充分展现自我，满足孩子成长的需要。

2、在鼓励团队合作的同时，父母应该给每个孩子单独的关注，要看到每个孩子的优点，并在孩子做出好的表现时，给到恰当的肯定和鼓励；尤其不要将一个孩子作为另一个孩子的榜样，以免造成父母自己的偏心和引发孩子骄傲（作为榜样的）、或自卑、逆反（作为非榜样的）的心理。

3、越是年龄差距小的孩子之间，越是难以避免争执，所以父母应该保持中立的态度，以了解事实为主，不要轻易评判对错，在和孩子的交谈中，尽量让孩子自发地感受到矛盾所在，自己解决“内部问题”，而不是父母常常主动介入孩子间的争执。

第二课：为孩子做一个好榜样

回顾今季的《爸爸去哪儿》，爸爸们在完成“野外生存考验”诸项任务时，团结互助、创新巧干的劲头，都给萌娃们起到了特别好的示范作用。在爸爸们的带领下，宝贝们学着大人的样子成为更好的自己的例子比比皆是：多多像细心体贴的爸爸“黄小厨”一样悉心照顾着弟弟妹妹们；杨阳洋像自己的奥运冠军爸爸一样在比赛时干劲十足敢打敢拼；贝儿如性格开朗的陆毅一样走到哪里就把笑声带到哪里…… 而让人印象颇深刻“有样学样”的孩子中一定包括原本有些胆小内向，后来一举战胜骁勇的蒙古族小摔跤手的 Joe，不妨让我们来回顾一下摔跤选手 Joe 的“成名史”吧。

【节目情景再现】

广袤的内蒙古大草原，青葱的伊利牧场迎来了《爸爸去哪儿》第一季和第二季的萌娃们。大家伙一起喝奶茶烤羊肉串儿，完成了抓羊的任务，还一起疯玩了萝卜蹲的游戏。男子汉们来草原怎么能不玩一把摔跤？这边，爸爸们和专业的草原博克手比试完；那边，小萌娃们也要和草原小摔跤手们比划比划。

爸爸们的比赛结束了，尽管专业的博克手实力过于强大，爸爸们大多技不如人，但村长总结说："真正的男子汉不怕输，敢于挑战比自己强的人。"虽朴实却充满哲理。接着，村长问萌娃们，有没有谁不敢参加摔跤的，那谁就是胆小鬼。镜头扫到一个个小男子汉，大家都纷纷摇头，特别是Joe还大声说自己不是胆小鬼。

首先上场的是古灵精怪的Feynman，小吴同学给大家开了个还算不错的头。推推搡搡中能始终保持屹立不倒，在双方僵持良久后，最终以平局拿下比赛。

第二个上场的杨阳洋保持了一贯特别能拼搏的精神，面对比自己高半个头的蒙古小选手，没有丝毫胆怯，死死咬住对手，最后终因体格不占优势惜败。

在小伙伴们士气的鼓舞下，Joe 上场了。大家的目光都锁在他身上。吴镇宇叔叔更是一上来就提醒 Joe，“这个小选手很厉害。”Grace 则屏气凝神、大气不出地看哥哥比赛。一向看起来有些羞涩的 Joe，在摔跤比赛上却也毫不扭捏，非常勇敢地接受挑战。他紧紧抱住对方，崩着一股子劲儿不松懈，始终没在步伐上凌乱，并且非常努力地保持下盘的稳定。进三步，退三步，蒙古族小朋友并没有占到优势。在里三层外三层的“围观群众”面前，两个小伙子都冷静又淡定，没让对方讨到便宜。好朋友 Feynman 热情地给予 Joe 场外指导“踢腿，踢腿”。Joe 不慌不忙，锁住对方小选手，看准一个机会，借力一个推送，轻巧地将对方扭打到地上，获得了这一局比赛的胜利。一平一负一胜，《爸爸去哪儿》剧组的小男子汉靠 Joe 赢得一城，在对抗赛中获得了优势。

熟悉 Joe 一贯内敛风格的大家伙立刻沸腾起来，纷纷向他表示祝贺，都说这次 Joe 真是大发神威。蒙古族的小选手也输得心服口服。之后，爸爸曹格在接受采访时说了这样一段话："别人问我儿子的性格是怎样的？我一直都觉得他比较害羞，胆子小。但今天看了他的摔跤比赛，我感觉很惊讶。我问他你怎么就学摔跤了，而且看起来力气也很大。他说，我学你啊。我就明白过来，因为平时我练拳他有看到过，可能是公司的影片也有放到。"原来，是爸爸的力量感召了害羞怕生的小男孩战胜了自己。无怪乎，曹氏家训是：不要哭，不要闹，要分享，要做一个好榜样了。

【家庭亲子宝典——孩子是最好的模仿者，所以请做好榜样】

Joe 的这段小故事，再一次向我们说明，父母就是孩子最好的老师，如果想让孩子认真出色，那至少你也要在他面前表现出认真出色。话是质朴的老话但传递出来的理念却经年适用。并且，这一观点是有科学理论依据的。

从学术的角度来讲，这其实就是班度拉“观察学习法”的很好体现。这一系统的理论是建立在大量实验研究的基础之上的。

班度拉是美国当代的著名心理学学家。他通过实验验证的方法来证明好和坏的示范各自对孩子造成的影响。令人印象深刻的是，在早期的一项研究中，他们首先让儿童观察成年人对一个充气娃娃拳打脚踢，然后把儿童带到一个放有充气娃娃的实验室，让其自由活动，并观察他们的行为表现。结果发现，儿童在实验室里对充气娃娃也会拳打脚踢。这说明，成人榜样对儿童行为有明显影响，儿童可以通过观察成人榜样的行为而习得新行为。因为人的许多知识、技能、社会规范等的学习都来自间接经验。人们可以通过观察他人的行为及行为的后果而间接地产生学习，班杜拉称这种学习为观察学习。

简单说，观察学习法就是指个

体只以旁观者的身份，观察他人的行为表现，自己不必实地参与活动，即可获得学习的一种方法。

相信大家可能有过类似的经历，家中文静的孩子和小伙伴玩耍时，也许突然就会莫名冒出一句类似成人狠声狠气的话语：“臭小子，看大爷我怎么收拾你。”刚刚牙牙学语的儿童却颇为喜欢说“奶奶的”或者其他粗俗语言。家长们往往百思不得其解，并没有谁唆使或者直接教孩子这么说。仔细排摸、回忆，才发现原来是家人和人冲突时气急之语，有时甚至是电视剧或者动画片里的一句台词，却让孩子留了心，甚至学成了口头禅。同样的，父母待人接物彬彬有礼的，孩子也大多是有礼貌的小绅士或者小淑女。所以，仔细想一想，其实我们都能明白榜样的教育作用，也清楚地知道它对孩子的生活会产生怎样深远而巨大的影响。

班杜拉认为，观察学习主要分为直接观察、综合观察和抽象观察三种类型。直接观察指的是学习者对示范行为的简单模范，比如孩子学

习大人拿筷子、刷牙等等。综合观察指的是学习者综合多次所见形成自己的行为，比如孩子在大人指导下学会自己搭积木、拼拼图。而抽象观察则是指学习者从示范行为中获得一定的行为准则与原理，这同样很普遍，我们看电影、电视，获得某种自我认同的价值观就是抽象观察。好比，孩子看《爸爸去哪儿》之后，也会像多多、贝儿她们一样喜欢小狗乖乖，并且善待小动物。

所以，如果你希望孩子能拥有主流社会所认同的教养、习性、三观，那就要规范自己的行为，注意自己的言行，因为孩子是通过“看”和“听”进行学习的。我们的孩子会目睹我们应对问题的解决方式并加以模仿；他们也会看到父母相处的方式、彼此体贴恩爱或者恶语相向互相挑刺的细节，这也将影响孩子将来的爱情观、家庭观，以及对配偶的选择；他们还会看到我们如何和父母相处，我们是不是孝顺他们；同时也会模仿我们的说话方式去和同伴交流。孩子们还会察觉我们激动兴奋、伤心落泪、或是情绪低落的原因，相应地他们也会去效仿这样的情绪起伏。他们也还会从我们的日常言行中学习到耐心或急噪、同情或冷漠、宽容或偏见。

所以，请坚持以自己为榜样，这将对孩子形成潜移默化的影响。这其实是个老生常谈的命题，却常常被人忽略或者轻视。

也许是工作压力、社会大环境的关系，也许是望子心切的殷殷期盼，很多家长忙乎着为孩子操劳，带孩子参加各种补习班、兴趣班，却无暇省视自己对孩子施加的影响力。父母每天的言行对于孩子来说就是一本活的教科书。超出我们预想之外，每天都会发生许许多多的突发事件，通过这些事件对孩子进行教育远比通过辅导课、IPAD游戏有意义得多。你今天所表现的一切，将折射为日后孩子的个性和价值观。

【父母课堂贴士】

1、和孩子在一起时，要学会适当地自我控制。抢时间时是否会闯红灯过马路呢？交通堵塞时是否能做到理智地开车呢？当和旁人起争执时，是否能保持克制，有理有节呢？的确，做父母没有那么容易，但自我控制不要让自己被负情绪吞没做出错误的示范，对自己，对孩子都有好处。

2、请尽量表现出懂礼节讲礼貌。您希望孩子效仿您的行为举止吗？您是否会习惯性地使用“谢谢”“敬请回复”等礼貌用语呢？您会说那些粗言秽语吗？如果不想孩子满嘴粗口，那就从自己先做起。

3、善待亲人和自己的朋友。您对自己的父母是不是有耐心又细心呢？您愿意把自己最快乐的事情和亲人分享，并且尽可能多陪伴他们吗？您对您的朋友忠诚、热情吗？别以为孩子小，不能理解成年人的一颦一笑，小小的他们都看在心里，并且会在日后模仿表现出来。

4、生活态度。您的生活态度偏向于积极还是消极呢？您是乐观主义者还是悲观主义者呢？有的时候，您的某些消极观点是会影响孩子生活态度的。

5、儿童社会经验贫乏，认识水平低，分辨能力差，而谁都不是圣人，一旦家长一些无心的坏示范被孩子学去，要及时教育和引导儿童什么该学、什么不该学，认识反面典型的语言、动作是不好的。还要善于引导，要反对模仿反面的东西，而不能反对他们模仿。家长多给孩子树立正确的行为准则，鼓励他模仿正面的榜样，只有正面的榜样才会赢得家长、老师、同学们的喜爱。

第三课：薯条爸爸的故事锦囊

在本季的《爸爸去哪儿》里，“薯条爸爸”曹格化身体力超人带着两个萌娃上山下海，大大吸引了一票粉丝，除却温柔、耐心以及简单易懂的“曹氏家规”以外，曹爸爸还活用了小故事，用讲故事的方法同儿女们把人生道理娓娓道来。

成年人总会时不时感叹，小朋友怎么就那么喜欢听故事呢，小时候的那个自己怎么就那么喜欢缠着妈妈讲故事呢？对孩子来说，虚构的故事是投射着现实世界的天马行空。一个好的故事可以把“很久很久以前”与儿童生活的世界自然连接。喜欢自身类比的儿童便很容易进入角色，认定故事的主人公就是自己。他们不仅用耳朵来听，还会开动小脑筋全身心地去感受和体验，有时还会代入自己的情绪。“薯条爸爸”曹格似乎深谙这种心理，把这一招运用得游刃有余，一双小儿女对爸爸的故事总是吃得牢牢的。将对学龄前儿童来说有点枯燥教条的人生道理、处事原则融入到童趣盎然的故事里，确实是一个很好的办法。我们不妨来看一看曹格爸爸都讲了哪些经典的故事吧。

【节目情景再现】

龟兔赛跑的故事

新叶古村之行，爸爸们的铁人五项比赛正如火如荼进行着。曹格带着Joe和Grace卡在第二个运动项目:趣味保龄球上。这项比赛的规则是，爸爸们用袜子装石子做成击打的工具，只有将作为保龄球目标物的十瓶牛奶全部打翻才算过关。比赛中，曹格怎么使出浑身解数，依然做不到将全部牛奶打翻，落后于同时抵达的其他几个家庭。蹲在目标物旁协助爸爸比赛的Joe看到小伙伴们纷纷欢快地奔赴下一关时，心中焦急不已，忍不住跺脚并大发牢骚，烦懑地说“好久哦。”并蹲在一旁生闷气，拒绝继续协助爸爸。

曹格爸爸只好说：“好，那姐姐帮我拿袜子。哥哥不行了你就帮我。”

呆萌的Grace捡回袜子，无奈爸爸再次投掷又不中。小暖男把不满写在小俊脸上。爸爸曹格没有受他情绪影响，依然不紧不慢保持自己的节奏，同时和Joe说，“你不帮忙，我只能这个样子啊。”Joe哭丧着脸说“好久啊。”一边带着情绪帮爸爸拿回袜子，再度失败后曹格又调整了一下，接着轻轻一投，终于击中全部目标。

长时间不中后突然获得胜利的两个孩子一时愣神了，曹爸爸一边穿鞋袜一边说：“穿上袜子就可以走了。”Joe对爸爸说，“你一直很久。爸爸你就是只慢吞吞的乌龟。”爸爸坦然地说，“对啊，我就是啊，你有没有听过小白兔和乌龟赛跑的故事，到后来是谁赢了呢。一定要有耐心。好，来，该走了。”Joe说，“可是别人走很远了，我们才走了一半。”

“没关系。”爸爸心平气和地说，“只要走完就好了。”Joe大声强调：“可是他们已经走完了，我们还没走到一半。”曹格爸爸坦然而坚定地说：“所以我们要走完啦。”说完便牵着姐姐Grace的手，带领着Joe继续接下来的比赛。

薯条*Joe*和姐姐冒险篇

新叶古村的晚上，绵软的细雨淅淅沥沥下个不停，热心的曹格先是邀请蜗居在狭小

的水云间里的杨威父子过来同住，被尊重规则的杨威父子婉拒。回到自己的屋中，和两个孩子躺在床上，度过的是温馨的睡前故事时光。Grace大姐姐和Joe哥哥躺在爸爸的左右，讲故事时，曹爸爸紧紧抓牢两个孩子的手，他用轻松的语调说：“一天有一个爸爸，他叫什么名字呢？”孩子们竖起耳朵听，曹格继续说：“他叫薯条。”Grace大笑着领悟说“是薯条爸爸。”（注1）

和Grace对视一笑后，曹格继续讲：“薯条爸爸带着薯条Joe和姐姐到处走。可是姐姐呢，会一直哭。”

立刻明白爸爸故事里的人物影射的就是自己，兴奋又害羞的Grace撒娇说：“爸爸你不能说我。”曹格慈爱地看着Grace，继续讲故事：“薯条Joe就和他的姐姐说，我们出来就是要冒险的。然后姐姐就说，对啊，我也是大姐姐，所以我喜欢分享快乐，分享的是一直笑的声音。”

听到这里，Grace很捧场地笑出了声音。曹格爸爸接着讲：“对啊，那所以姐姐是不是一个会分享快乐的人呢？”Grace大声说：“对”。而本来在和Grace闹小别扭的Joe也悄悄钻出了被窝，静静听着爸爸的故事。

注1：因为Grace说爸爸曹格把头发扎起来像薯条，所以他被称为薯条爸爸。

故事简单易懂却立刻俘获了Grace和Joe的心。两个小人儿都沉浸在故事之中，明白了爸爸要告诉他们的道理——时刻记得要分享。

【家庭亲子宝典——讲故事，亲子关系的黏合剂】

相信同曹格爸爸一样，很多家长都会一致同意故事教育法是和孩子有效沟通的最佳方案之一。当孩子在学习、生活、社会交往中遇到烦恼、迷惑和困难时，讲一些简短的小故事，能快速让他们明白其中的道理。这样做有时能比直接告诉他们不应该做什么、应该做什么效果要来得好许多。用讲故事方法能改变孩子的坏脾气，也可以用故事来改掉孩子骄傲的性格，还可以用故事让孩子明白做人的道理。

很多父母喜欢和孩子们讲睡前故事，事实上，除了能让孩子睡个好觉，还能培养孩子良好的阅读习惯，开发孩子的想象力，更能增强孩子的语言表达能力，这些对孩子来说都是受用一生的。孩子通过父母讲的故事去感知和探索这个未知的世界，好奇心也在其中得到滋养和满足。

当孩子缠着父母讲故事的时候，一定要抓住这个亲子教育的好机会。父母不要因为怕麻烦、没时间就拿本故事书丢给孩子，让他独自翻看，而是要尽量抽出时间来讲给他听。因为，讲故事给孩子听，是和孩子一次良好沟通的机会。和孩子一起分享一个好故事，无疑也是提升亲情的“黏合剂”。孩子也有交流感情的需要，而亲子阅读恰恰是很好地满足这一需要的纽带之一。在父母“讲”和孩子“听”的过程中，爸爸妈妈与子女之间的沟通与交流自然而然地加深了，孩子得到心理和精神的双重满足，从而产生安全感，所以不难理解，听完一个好故事的孩子睡得特别香。可以说，睡前故事是保证孩子心理健康不可缺少的营养，能有效培养孩子的阅读兴趣；相比之下，任由孩子过多地单独看电视、玩ipad则有可

能抑制亲子交流。

很多家长有这样的经验，孩子们对于喜爱的故事愿意反复聆听。这其实是他们记住新概念和新词汇的方式。每听一次故事，他就会注意到新的细节，故事重复的次数越多，宝宝就越容易记住那些信息。所以，就孩子喜欢的故事，父母应该不厌其烦地一遍一遍地讲。在讲的时候可以出现变化，可以合乎情理地引申或者扩展，让故事更加丰富具有教育意义，也不妨让孩子反过来给父母讲故事，可以锻炼孩子的语言表达能力和逻辑思维能力。当孩子被睡前故事所感染的时候，说明他明白了故事中的内涵，参透了其中的教育意义。因此，讲故事有助于提高孩子的理解力。

听说读写是孩子语言发展的一个过程。好的阅读习惯则是从听爸爸妈妈讲故事开始的。从讲故事开始，父母就不妨告诉孩子故事的出处，或者是从哪一本书上读到的，从而激发孩子自己独立阅读的兴趣。父母应该尽可能给孩子提供丰富的阅读环境，并且呵护孩子的阅读兴趣。可以预见的是，父母在讲故事时，必然会涉及一些科学知识，比如某些自然现象、生命以及地球的起源等等，所以讲故事也可以极大丰富扩大孩子的视野。

给孩子讲故事是每个父母最常做的一件事，但如何给孩子讲故事却不是每个人都知道的。其实，给孩子讲故事有很多技巧。有美国教育家认为，听故事能够帮助家长易于踏入直接教育无法触及的区域，针对性强的故事可以让儿童从中领悟到解决自己问题的稳妥办法。因为故事的内涵不仅揭示着世界的奇妙，也对人格的塑造有着积极的影响，据此，给孩子讲故事时，请充分发掘出故事背后的教育意义。

第一，要从孩子的年龄段特点出发因利乘便。当孩子进入幼儿期，可以多选择一些童话故事，因为童话故事既影射现实，又温情脉脉，满足这个年龄段儿童热爱幻想的内心需要，能从多角度为儿童展示和现实生活有关的奇异美景，告诉他们什么是真善美，也同时向他们揭示着假恶丑。当物我开始分化后，孩子逐渐会对人的故事，以及有关自然社会等方面的故事感兴趣，讲这类故事，重心可以放在讲清楚发生了什么，有什么后果，如何解决等方面以帮助儿童拓宽视野。

第二，要加强故事的针对性。孩子在生理、心理上发展都尚不成熟，情绪波动大，爱哭又爱笑，给孩子讲故事应敏锐地捕捉孩子的兴奋点，以增强双方有效沟通。尤其应该针对孩子可塑性强的特点，选择有利于矫治孩子目前缺点、不足的故事，通过故事形象善加诱导，适当进行鼓励，

从而达到用故事帮助孩子改掉坏习惯之目的。

第三，可以向曹格爸爸学习，创设情境讲故事。这实际是一个还原生活的过程。孩子年龄小，社会生活经验贫乏，往往对故事的内涵领悟较困难，对其中的隐喻更茫然不知。因此给孩子讲故事，首先应创设一种故事氛围，达到借景生情。可以事先告诉孩子这是一个什么样的故事，有哪些有意思的情节，和值得关注的人物。有这样一个开场，可以帮助孩子实现注意转移——集中到听故事上来，并意识到这个故事的奇特与重要，作好心理准备，并充满期待。

另外，要力求不断渲染氛围，促使孩子对故事充满期待。讲故事的时候，父母要将其中的角色安排到位，努力暂时摆脱或掩蔽自己固有身份。按故事角色形象的个性及特点来寓情于境，讲符合故事里角色身份的语言，并可辅助配合夸张的身体语言，吸引孩子的注意力。讲故事的时候语言表达要生动，表象要清晰鲜明，用充满感情或者童趣的表达方式来讲述故事。或者用辅助工具，比如代表故事里角色的小玩偶等吸引孩子认真倾听故事，使孩子移情于境，增强故事的感染力，让儿童更容易理解。

此外，为了能够让儿童对故事产生浓厚兴趣，要让孩子和故事里的人物“同呼吸共命运”。讲故事中灵活运用悬念就十分重要。可以在讲故事时引入悬念，在关键处停顿、设疑、提问，让孩子参与到故事的发展中来，既增强了互动，又能让孩子按照故事的脉络去思考。家长讲故事前要认真钻研故事，精心设计讲法，适当安排悬念。讲故事设置的悬念，是为了使故事跌宕起伏，增强故事艺术的感染力。悬念设置出现频率和深度要结合孩子的年龄、理解力、兴趣度而异，不能为了设悬念而设。家长们要注意的是，讲故事过程中设置的悬念，随着故事推进，都要揭破，千万不能悬而未解，那会让孩子非常扫兴。

当孩子可以听懂父母的故事时，父母甚至可以让孩子把故事复述出来或者表演出来。孩子都是善于模仿的，在父母的示范下，他们会很快通过这种方式爱上阅读爱上表演。但不能回避的是，家庭中有一种普遍现象，孩子天天闹着讲故事，家长也天天给他讲，但到头来孩子听的故事一大把，而会讲的却寥寥可数。有的孩子大胆尝试想讲一下，但开口却只能哼唧出“从前、从前、从前”等几个词。

探究“理想与现实”落差背后的原因，一方面可能与孩子听的故事质量、讲故事者本身的表现力有关，另一方面还与孩子听故事后得不到及时的强化反馈相关。孩子听记故事，多凭形象记忆，故事的情境一旦消失，故事也就会遗忘。为此，要提高孩子听故事的质量，必须将“听”这一过程延伸。可以多多调动孩子听的主体意识。比如，讲一个长故事时，每次在新的进展前，让孩子先复述之前的概要，并让孩子自己做出推测和演绎。这就给孩子提了要求，要会听、会记、会表达。多运用几次这样的练习，有利于培养孩子听故事的好习惯，也有利于锻炼孩子的记忆力和口头表达能力，还有利于培养孩子的主体意识，变被动的听为主动的讲。幼儿期是儿童口头语言发展的重要时期，利用孩子讲故事的办法来训练他们口头语言的表达能力，意义更为深远。

值得指出的是，运用讲故事的方式可以保护孩子，因为故事婉转不直接说事儿，能做到不伤害孩子，保护孩子的颜面。但讲故事的方式可能存在的弊端便是：故事绕来绕去，年纪小的孩子理解力有限，可能明白不了故事背后的教育意义。有可能让他们只觉得听故事有趣好玩儿，却不知道故事的主体是什么，对引喻的理解也有限，不能像成年人那样能够明白故事的言外之意。对这类孩子更有效的方法是，以婉转的语气直接告诉孩子正确的方式，而不去指责小孩子。

【父母课堂贴士】

1、一个故事多讲几遍，复述后可简要给孩子分析故事情节和人物，教孩子学故事中的对话，在大人不断启发帮助下，最后发展到让孩子自己能复述整个故事内容。

2、对已经具备一定口头表达能力的儿童讲故事时，可以先由大人讲一段故事，让孩子根据故事的发展接着讲下去，或者可以假设几种结局，以引导孩子打开思路，发展想象的空间。

3、孩子最具有表现欲，总希望自己的行为、话语受到大人的赞扬。大人要常引导孩子一起通过对话、动作和表情来再现故事。鼓励常表演，在游戏中学习，孩子开心，收效也大。

第四课：别怕孩子哭，他是想告诉你点儿小情绪

《爸爸去哪儿》中，曹格家的Grace给大家留下了深刻的印象，除了小姑娘的天真可爱之外，还有她爱哭的小模样。面对女儿时不时的哭泣，曹格也采取了很多的应对方式，有时是抱抱给安慰，有时是讲个故事转移注意力。但不管怎么样，孩子爱哭是让许多父母手足无措，非常无奈的事情，尤其是年龄小的孩子，常常哭起来没完没了。

其实，要止住孩子的哭泣，先得了解他为什么哭。哭是孩子表达情绪的基本手段，一种是表达基本需求，如饿了、冷了、困了、难受了，常见于还不会说话的婴儿；一种是孩子想要达成某种目标或实现某种目的，这种哭也常常伴随着耍赖的性质，常见于大一些的孩子，用“大哭”来要求父母满足要求；也有一些是难过、失望等情绪的自然流露，不止孩子，成人也常常用哭泣来释放心中的情绪压力。

这时有些家长会用赶紧满足要求的做法来止哭，有些家长则认为不能宠坏孩子，让他去哭一会，其实，针对不同的哭泣，家长需要因地制宜，采取不同的方式去止哭。

【节目情景再现】

在《爸爸去哪儿》中，Grace 有几次“惊天动地”的大哭，不仅让我们见识到了孩子哭起来有多么厉害，也让人不禁思考，我家的娃要是这么个哭法，可得怎么办哟！

哭的场景一：武隆天坑，下山途中

第一次的旅行，爸爸和孩子们便遇到了艰苦的环境，在武隆天坑，要自己走一段长长的山间小道下山，由于前一天刚下过雨，路上满是泥泞。不要说孩子，爸爸们面对这样的道路也非常头疼。开始下山没多久，曹格家的 Grace 便害怕得大哭起来，边哭边喊“我想要你抱我回家……我要回我的家里面……”这个时候，哥哥 Joe 也开始闹起来。头疼的曹格只能尽力安抚两个慌乱的孩子：“你看，我们走到下面就没什么事了。你看，下边的路就比较顺，对吧？然后搞不好，一到家就有小白兔啦！”

但是，Grace 仍然只是大哭，一路索抱抱，大家看到后都过来帮忙安抚、照顾 Joe 和 Grace。

走到平坦的路上，进入爸爸怀里的 Grace 终于停止了哭泣，可是突然又被陆毅犹如晴天霹雳的一句“我们刚走了十分之一”吓得大哭起来，只肯被爸爸抱着，还一直哭着要妈咪，要回家……整个山谷里都是姐姐的哭声。

终于下山之后，小小休整的间隙里，Grace 还没有适应环境，在想妈妈：“我想回家见妈妈。”再次哭起来的 Grace 让曹格有些招架不住，急忙用手指向正在拉磨的村民，“你看他们在干吗？”Joe 天真地说：“冰激凌。”姐姐的注意力立即被成功引开，不哭了。

哭的场景二：武隆天坑，泥地足球赛

第一站的旅行确实有相当多的“坑爹”环节，一场在被命名为“天坑杯”的足球赛尤为“坑爹”，泥巴坑里的趣味足球赛让所有人都成了泥人，

比赛中爸爸和孩子们分为了两组，红队是由吴镇宇父子和杨威父子组成；白队由剩下的三个家庭组成。

因为曹格家有两个孩子，为了公平起见，所以要指派一个人到对方的队伍中去。于是，曹格将“最能干”的Grace指派给了红队。

曹格为了鼓励孩子们到泥地里来，自己身先士卒走到泥中，并且把泥巴抹在脸上，说：“身体脏没关系，衣服脏没关系，脸脏没关系。你看爸爸不怕脏的，你们看。”接着，曹格用泥巴把自己抹成了花猫脸，逗得孩子们大笑起来。Joe很快进入了状态，没有困扰地进入了比赛的情绪，但是，Grace看着泥地比赛场，说什么也不想参加。于是曹格把一个人站在岸上观望的Grace也抱到泥地里来，放在球门旁。Grace踩了踩泥土，立即惊恐大叫。爸爸跑过来，塞了一把玉米粒给她，这才安静下来。但酝酿了半天情绪、愣在球门旁的Grace，感觉越来越不对劲，终于大哭起来。曹格这时候已经不知道要怎么办好了……

工作人员只好紧急救场，将Grace抱出泥地，脱掉全是泥巴的袜子，还给了一枚超大的彩虹棒棒糖，这时Grace的情绪才稳定下来。

接下来比赛如火如荼地举行，最终红队取得了胜利。比赛结束后，村长宣布比赛结果：“今天的白队表现得很精彩，但还是输了。但是呢，在这个时候，我们要特别表扬一个人，就是Feynman。他在最关键的时刻力挽狂澜，攻入了至关重要的一

球，所以我们的第一块金牌要颁给 Feynman。”奖牌是巧克力做的，这个秘密还是 Grace 发现的。第二块奖牌则颁给了表现也相当不错的杨阳洋。

村长继续颁奖：“好，接下来的奖牌要给一个小朋友，这个小朋友虽然没有直接投入比赛，但是她非常非常关键地在旁边一直在吃糖，吸引了很多球员的注意，也为红队最后取得胜利立下了汗马功劳，所以这个奖牌要颁给 Grace。大家给 Grace 掌声好不好？”

颁完奖，大家伙儿终于可以拖着满身的泥巴，回到各自的屋子里去洗澡休息了……

哭的场景三：黄河石林，不想做任务了

在第六站黄河石林的旅行中，节目组给孩子们布置了一项特殊的任务，孩子们自己去找小 baby，给 baby 喂米糊换尿布，也来提前体会一下当爸爸妈妈的感觉。Grace 和杨阳洋分到了一组，两个孩子顺利地找到了“服务目标”，可是看到了 baby 的 Grace 很想去找爸爸，开始哭个不停喊着找爸爸。得知情况的曹格只能匆匆从任务地赶回来安慰 Grace。一看到爸爸的 Grace 立马扑到爸爸怀里，曹格耐心安慰道：“好了，你不是小宝宝了，你也是姐姐了，你自己说的。”可是 Grace 还是哭个不停，大有不

让爸爸离开的架势，无奈的曹格只好问 Grace："那任务怎么办，你自己决定，你要完成还是不要"。

Grace 抽泣着摇摇头，曹格说："你不要完成任务，那我找车送你回去了，爸爸也有其他任务，可是我都过来帮你了，你为什么不帮一下自己呢。"

Grace 这时已经完全沉浸在自己的世界，还是哭着说："因为我想要爸爸。"

曹格说："我要爸爸，每次都是这一句，这样下去不行，那下次我不带你好不好？"

Grace 立马说："我要来。"

曹格开始越来越严肃："你下次留在家里了。"

杨阳洋这时还在房间里忙着冲牛奶，冲好牛奶赶紧拿出来给 Grace，眼泪还挂在脸上的 Grace 拿起奶瓶尝试喂宝宝完成任务，但没一会又开始泪奔，喊着要爸爸。

曹格在一旁继续安慰道："不用哭的，你看宝宝都没有哭了，你怎么会哭。"父女俩看着杨阳洋不亦乐乎地带着宝宝，曹格说："爸爸有任务要去做，我要走了。”闻言Grace再度放开嗓子，大哭起来，还转过身去跟杨阳洋说，“对不起，杨阳洋。”曹格问Grace“为什么要道歉呢？”Grace抽抽搭搭地说：“因为我不想，我累了，我想回家。”

面对这种状况，曹格认真地说：“那我们要去跟其他爸爸道歉，然后我们再跟导演说，我们要车子，要回去了，因为我们在这边是没用的。”于是便牵着Grace去找其他的家庭，路上曹格还在继续开导Grace：“你要跟其他爸爸都道歉的，知道吗？因为爸爸也要道歉了现在，因为他们都在努力做任务的时候，爸爸不在，爸爸要来这边找你。”

就这样，父女俩先后找到了其他爸爸，看到Grace边哭边道歉，其他爸爸给了Grace大大的拥抱来安慰，连连表示没有关系。最后，黄磊还安慰Grace说：“我和多多姐姐和哥哥一起陪你好不好？”情绪渐渐平稳的Grace这才开心起来，黄磊还耐心地告诉Gracc：“下次不能这么哭，爸爸会着急，是不是？你越来越懂事，这就是长大啦，你就真的是一个大姐姐。”在大家伙的陪伴下，Grace终于还是完成了照看小宝宝的任务。

哭的场景四：台湾花莲，好想喝饮料

在第七站的台北花莲，忙碌了一整天的爸爸和孩子们终于回到了舒适的家好好休息，曹格和Grace、Joe惬意地躺在床上聊天，这时Grace突然提出想要喝饮料，时间已经很晚，而且之前Grace的牛奶都没有喝完，所以曹格果断地拒绝了Grace的要求，告诉Grace：“你的牛奶你刚刚都没有喝完，你说你饱了，现在你又要喝”。Grace不断撒娇，一直说想要马上就喝。这时的曹格有些生气，从床上站起来，说，“好，那我出去，你想要怎么样就怎么样。”一看情形不对的Grace瞬间大哭起来。

曹格严肃地说：“我也有我的事要做，我不会再陪你了。”面对Grace

的大哭，曹格还是狠心离开了屋子，说："你躺好，我要静一下。"

离开了房间的曹格坐在屋外，感到不知所措，心里很乱，一边调整自己的情绪，一边自责，在事后的采访中，曹格表示到，那时他在想，觉得自己很失败，不知道要怎样当一个爸爸。

冷静了一会儿，曹格重新返回屋子，看到大哭不止的Grace，曹格并没有急着进屋安慰，而是在门口问道："听话了没，你听话了我就回来。"

看到爸爸返回的Grace立马开始哭着要抱抱，曹格见状严厉地说："安静。"这时Grace才停止了哭泣，坐在床上听曹格讲话。曹格认真地说："爸爸为什么出去？因为我讲什么你都不听，那我都不讲了，我走了。你要听我就回来，爸爸可以教你，可是如果你不想被教的话，爸爸就不教了。"讲到这里，曹格也停了下来，满怀期待地看着Grace，希望她能够明白爸爸讲的道理。

Grace这时也冷静了下来，用力地点了点头，曹格于是接着说道："我是你老师，你也是我的老师，所以你也要尊重我，不是只有我让你，你自己也要让我，该你做的时候，你就要做，你该听话的时候就要听话。"Grace插话说道："我叫你很多次，可是你都不理我。"曹格紧跟着说：

“是啊，我错我会跟你道歉，你错你都不跟我道歉，你觉得这样对吗？这不公平，爸爸要教你，爸爸跟你说什么不好，你一定要尽你的能力，你全部不听的时候，是不是有错？”

听到爸爸这样讲，Grace 不吭声了，曹格又说道：“刚刚为什么不让你喝，因为你喝太多了，然后你一直要喝，爸爸就走了。你知道为什么你哭吗？第一个是因为你爱爸爸，我知道，我也很爱你，既然这样，那为什么我们不能好好的。”

讲完了这些，Grace 已经彻底平静下来，乖乖躺在床上，曹格这才进屋坐到床上，Grace 做起来蹭到爸爸身边撒娇了一会，睡前的小插曲终于告一段落，三个人甜蜜地进入了梦乡。

【家庭亲子宝典——找到孩子哭的根源，再对症下药】

哭是孩子表达情绪、需求的正常表现，Grace 在《爸爸去哪儿》节目中虽然是哭得最多的孩子，但这和她的年龄有很大的关系，在天坑下山和泥地足球赛中，哭是因为受到了惊吓，因为无助而哭——从来没有来过这样的环境，没有走过这样的路，除了爸爸之外，和别的家庭也不太熟，也从来没有踩在泥巴地里过，所有的事情都是第一次，完全超出了3岁孩子的承受能力，所以害怕地大哭。

在黄河石林，做任务时不断地哭泣，是内心情绪的释放，因为在那个时候，Grace真的很希望爸爸陪在身边，也不想去做任务了，但她也大致明白，不做任务是不对的，所以，不知道要怎么办好的Grace只好用哭来表达。

在台湾花莲，想喝饮料未果，还惹怒了爸爸，一开始是有些耍赖性质地哭，后面看到爸爸真的生气，还离开了屋子，就成了害怕的情绪的表达。

面对Grace的哭泣，曹格的表现无疑体现出他是一个对孩子超级有爱心的老爸，几乎是无条件包容Grace每一次的哭泣。当她无助时、害怕时、撒娇时，总是及时抱抱安慰。当然，曹格也很多次地告诉Grace，哭不是可以用来沟通的语言，要Grace冷静下来不要哭，面对用哭泣来提要求，曹格也表现得十分理性，并不是孩子任何原因一哭

就满足任何要求。

那么，如何搞定孩子哭的问题？这个得从根源找原因。

如果哭是正常的生理反应，家长应该要给孩子及时的回馈，尤其是1岁以内的孩子，及时解决饿了、困了、累了等问题，通常能顺利让孩子停止哭泣。

如果是情绪的反馈，如害怕、委屈等，家长应该首先去安慰孩子，搞清楚孩子情绪的根源，并表现出理解的态度，给孩子心理上的支援，并通过拥抱等肢体接触给孩子安全感。尤其是陷入了自己情绪大哭不止的孩子，这时候试图用讲道理的方式去安慰孩子是无效的，他基本听不进去家长在讲什么，最好的办法是耐心稳定孩子的情绪，当没有哭得歇斯底里时，再来了解情况，对症下药。

当然，当止住了孩子的哭泣后，家长也应该尝试帮助孩子克服当下的情绪，如果孩子还是十分抗拒，家长就不应勉强，以免给孩子留下心

理阴影，今后反而更害怕类似的事情，教育不在当下，也可以以后再找机会，帮助孩子克服类似的困难。

如果哭带有了一些提要求，甚至耍赖的性质，那么家长的处理方式则需要更有技巧。若处理得不好，很容易让哭成为孩子的“武器”，一碰到不如意的事情，就用大哭来解决，“逼迫”家长满足需求。

哭为什么可能成为孩子的武器？美国行为主义性理学家斯金纳给了我们很好的解释，他在研究中发现，周围环境决定了人的行为，所以只要人能操作控制环境，就能控制人的行为反应，这也被称为操作行为主义（Operant Behaviorism）。如果一个行为发生后，接着给予一个强化刺激，那么之前发生的那个行为强度就会增加。

简单来说，如果孩子在第一次提要求时，用哭着要求的方式达成了目的，那么他可能就会学到，哭可以帮助他实现目标，假设接下来的第二次、第三次，只要一哭，家长就很快满足了他的要求，那么，一哭家

长满足要求便成了“强化刺激”，哭的行为强度就会增强，每一次当孩子要什么东西的时候，都会用哭来帮助他达成目标。

相信许多家长都遇到过类似的问题，带孩子到超市去买东西时，最怕孩子赖在玩具柜或糖果柜前不走，厉害的孩子甚至会耍赖大哭，为了不让孩子哭闹，赶紧给孩子买了东西了事，这样的行为，就是在给孩子大哭耍赖的刺激。遇到这样情况的家长可以回想一下，孩子是从什么时候开始学会这样耍赖的，是不是第一次哭着要一颗糖吃的时候，家长很快满足了他？如果是这样，那么，不客气地说，孩子这样的举动，其实是家长教会的。

那么，遇到这样最为棘手的哭泣，家长要怎样做？答案很简单，就是不要给孩子“一哭就满足”的强化刺激，而是要给他“不哭才可能满足”的强化。当孩子哭着要糖吃的时候，家长不妨告诉孩子，“不要哭，好好说你要什么，不哭才有糖吃”。孩子会很快配合，停止哭泣。

家长在日常生活中，需要帮助孩子养成好的习惯，并不是不许孩子哭，而是不能因为孩子哭得烦，家长就塞个玩具、塞颗糖来止哭，也不能是因为怕孩子在公众场合大哭，家长没有面子，赶紧满足要求了事，家长要做的是耐心地了解哭的根源，尽量给孩子正向强化，再来慢慢解决。

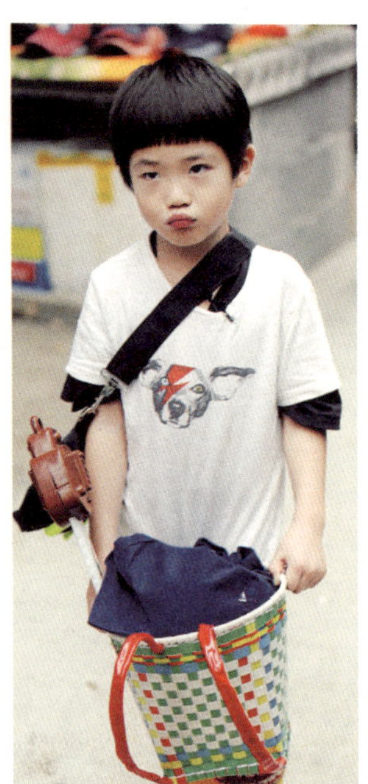

【父母课堂贴士】

1、当孩子哭泣时，家长要及时给到回馈，分辨孩子哭的原因，尤其是1岁以内的孩子，哭是他们唯一的语言，哭通常是有所需求，如果家长放任婴儿长时间哭泣，会造成孩子的不安全感。

2、没有必要喝止孩子的哭泣，尤其是孩子在释放情绪时，家长可以用语言或肢体动作来安慰孩子，让孩子慢慢地平静。

3、当孩子提出无理要求，并哭泣时，家长要注意不要给孩子负面的强化，即不要让孩子学会“哭可以是武器”，而是理性对待，不能满足的要求，跟孩子讲清楚理由，说服孩子。

第二章

黄磊家庭篇

多多
宝贝
黄磊
老爸

暖爸黄磊：她是最珍贵的礼物

从温润的“徐志摩”转变为温暖的“罗书全”以及居家必备“男闺蜜方骏”，转眼间，黄磊已经牵着8岁的小美女多多站在大家眼前了。大小银幕中的一贯好男人形象，和现实中所呈现出来的温暖知性，让黄磊攒足了人气；多多所表现出的乖巧懂事、善解人意也收获了一致好评，黄磊更是赢得了“国民岳父”的美誉。

无论是在《爸爸去哪儿》中的表现，还是纪录片中朋友的评价，都能够看出来，黄磊和多多的相处是平静而温和的，感性和理性并存的。这与黄磊的自身气质与角色密不可分。身兼老师、导演、演员等各种身份角色于一身，当他是老师时，需要传道授业解惑，注重于观察和倾听

他人的需求，随时传播正能量；导演的角色则需要他面面俱到、统筹大小琐碎事务；演员却需要他释放内心所有感性的能量。这些略微复杂的情绪糅合到一起，塑造了黄磊，在黄磊日常的言传身教中，又塑造了多多，这是父亲给孩子潜移默化的影响。

《爸爸去哪儿》节目中，黄磊并没有带着多少明星的光环出镜，而是一个普通标准的北京大老爷们儿，既上得厅堂、入得厨房，还常常包揽其他家庭的吃饭问题，洗衣、做饭、喂狗也不在话下，还能准确理解小女生的浪漫情怀。有这样一个爸爸，多多十分依赖，也十分乐意和爸爸交流。在纪录片的采访中，朋友们说，黄磊把多多当作朋友，妈妈也说黄磊是能够和孩子一起玩的爸爸。正是这种“把孩子当成朋友”的相处方式，让逐渐长大、越来越有独立思想的女孩儿也愿意和爸爸分享自己的想法。这就是尊重的力量。

《爸爸去哪儿》的 5 个家庭，每位爸爸和孩子相处的方式各有特色，和其他几位爸爸相比，黄磊显得更加“缓”一些，“缓”不是慢，而是

enjoy life，和与孩子相处时的公平、理性、平等、民主的原则。这种 enjoy 来自于黄磊的文艺范儿，也来自于他的豁达乐观。在旅行首站的天坑，遇到泥泞的下山道路，黄磊还能停下来，看着山景悠然地对多妹说："挺漂亮的，你看。"这是父母面对生活和困境时，以自身的态度向孩子传递的一种信号：在路上，行进中也不需一味地赶路，你可以轻松面对，静下心来，学会享受生活和一路上的风景。通常情况下，如果父母的生活态度越轻松、幽默、自在，孩子的适应性也会越强，在这样的家庭教育环境中长大的孩子，相对来说，情商也会更高一些。

公平、理性、平等、民主则表现在许多的细节上，例如当多多想要养小狗乖乖时，黄磊将养小狗需要多多做的事情先讲清楚，让多多明白养狗不是好玩，而是一种责任；在内蒙古呼伦贝尔大草原，选到了不好的房子，黄磊引导多多的方式是"对不起，我也会输"、"总有人会住到这个房子"，当多多不想带麦克风时，黄磊并没有强制她带，而是用表演哑剧的方式告诉多多不带麦克风的后果，然后让多多自己去判断和选择，让她有了更强的独立性……正是这种温和的养育方式，让多多

长成了一个如此可爱的姑娘。这对让人赏心悦目的父女，也让人到了许多在家庭育儿中值得借鉴学习的闪光点。

在整季《爸爸去哪儿》节目中，多多作为一个大姐姐，在团队中也起到了非常重要的作用，在做任务的时候，她总是带队的小队长，即使没有将“负责人”的责任交给她，她也非常自觉地做了“小领导”的工作，带领小伙伴们完成任务，遇到困难时积极解决，偶尔还要安慰情绪失落的伙伴。可能有人会说，多多8岁了，比其他孩子都大，她能这样做也不奇怪，但是8岁的孩子也是孩子，并不是天生就会带领和团结其他的孩子一起活动。多多之所以能够凝聚其他的孩子，是因为她总是在第一时间为他人着想，照顾到他人的利益和感受，同时，在一个年龄从3岁到8岁的混龄团队中，多多作为“老大”，大姐姐般的关爱感、责任感油然而生，这也是在混龄儿童团体中，大一点的孩子自觉形成的领导力，但这种领导力是谦和的，并不是“我是老大，你们都得听我的”这样的霸道派头，试问这样的多多姐姐，谁会不喜欢呢？

多多在团队中能够做到这一点，与家庭的教育是密不可分的。和黄磊热心助人一样，多多也将帮助人、关心人当成了自己应该做的；而天性就善良敏感的多多，更是格外注重照顾到每个小伙伴的情绪，甚至有时会委屈自己一点，也不愿伤害别人。黄磊自己也提到过多多是敏感的，其实也爱哭，但在镜头前却表现得很坚强，或许，应该更多鼓励多多表达自己的意见，当遇到自己不愿意的时候，用适当的方式说出内心的情感，这样会更加快乐。

黄家有女初长成，国民岳父携国民小女神的首次亮相圆满结束。黄磊说，第一次看到多多时觉得很兴奋，觉得多多是最珍贵的礼物，希望跟她一直有这种亲近的感觉。在8站的旅行中，黄磊也数次表示，和女儿这种单独旅行是非常亲密和幸福的时光，他非常珍惜这样的时光。从这些美好的时光中，黄磊也更真切地感受到了做父母的心意，这也是孩子教会他的东西，相信这样一个儒雅的黄磊和这样一个俏皮的多多，还会有更多更美好的时光。

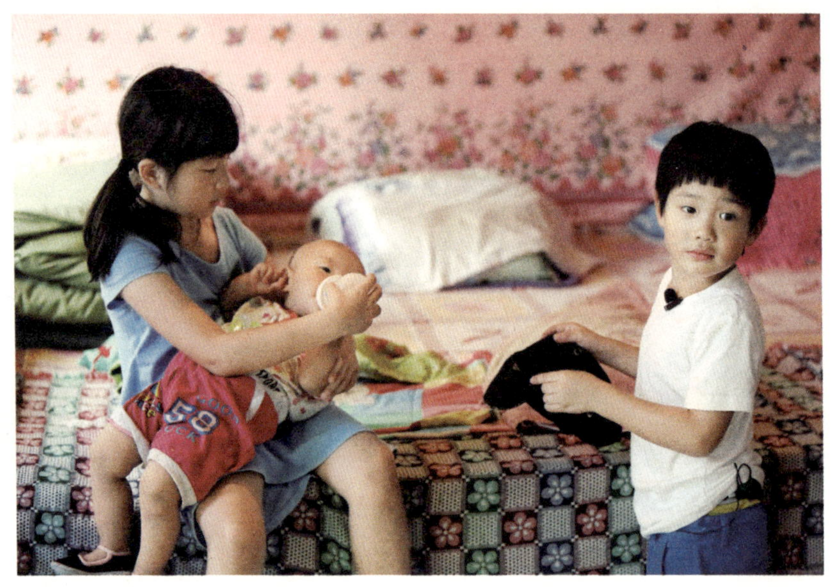

第一课：和小伙伴们在一起，做个不一样的大姐姐

第二季的《爸爸去哪儿》开播后，5 个全新的家庭走进了大家的视野，在关注和激动之余，大家也发现本季的家庭中，最大的孩子多多已经 8 岁，最小的孩子 Grace 才 3 岁，而第一季最大的石头 6 岁，最小的 Kimi 和王诗龄都是 3 岁多，一时间，第二季孩子年龄差距大，多多年龄太大不适合参加《爸爸去哪儿》的讨论不绝于耳。

坊间有句玩笑话叫做“三岁一代沟”，那么，本季节目的孩子最大年龄差距都达到 5 岁了，岂不是代沟很宽？事实真是如此吗？

【节目情景再现】

在《爸爸去哪儿》中，黄多多这个大姐姐俨然是6个萌娃中的队长，出任务时总是带领着大家，遇到矛盾时也总是积极主动想办法解决，几个爸爸也常常嘱咐自己的孩子，“跟着多多姐姐”，事实证明，每一个孩子都非常喜欢多多姐姐，有时候，多多姐姐说的话，比爸爸说的话还要管用！

在孩子们的小团队中，多多也自发地形成了自我定位，在家里她也是爸爸妈妈的掌上明珠，但在弟弟妹妹面前，自己就是大姐姐，有责任有义务关照好每一位伙伴，也常常会主动谦让着弟弟妹妹。在家里的小姑娘，因为成了当仁不让的大姐姐，也学到许多平时学不到的东西！

要照看好弟弟和妹妹

在第一站武隆天坑，孩子们的第一次独立任务就是自己去集市上购物，分组时，多多和 Grace 与 Joe 兄妹分到了一组。

一到集市，多多就赶紧左手一个，右手一个紧紧牵住了 Grace 和 Joe 的手，生怕弟弟妹妹走丢了，然后提醒兄妹俩，要先给爸爸买衣服，衣服最重要。于是多多先帮 Joe 买好了曹格爸爸的衣服后，才去帮自己的爸爸买衣服。多多买好衣服一转头，发现一直跟着自己的曹家兄妹俩不见踪影，一下子紧张起来，焦急地四处去寻找。好在集市不大，多多终于看见了正在买内裤的兄妹俩，大大地松了一口气。

当 3 个孩子要去买香菇时，有人推荐一个小男孩带路，多多立即警觉地拒绝了，牵着兄妹俩赶紧走开，还严肃认真地告诉 Joe 和 Grace："你知道为什么我们不能跟那个小弟弟一起走吗？我妈妈说陌生人也许是坏人，他也会让他的孩子带你去一个地方，所以你应该不知道那个人，你不能跟他走。"看来平时多爸多妈对孩子的安全教育非常到位。

后来，Joe 想买一根大大的火腿肠，可是他没有钱了，多多慷慨解囊，让 Joe 感动万分，小伙伴们的深厚友情从一开始就建立了。

调解 *Grace* 和 *Joe* 的矛盾

依然在天坑的集市中，Grace 和 Joe 因为玩具的事情闹了矛盾，眼看着 Joe 将 Grace 推到了地上，多多赶紧上前调解，安慰和劝阻 Joe："Joe 你怎么能这样"，并赶紧安抚大哭的 Grace："姐姐你最乖了。姐姐我知道，是你哥哥的错。来，我们回家吧。"说着将 Grace 带到离 Joe 远一点的地方，边走边安慰说："爸爸做饭等着我们给他们买的东西。"看着 Grace 的情绪平静了，她又去安慰 Joe："我们得赶紧回家了，我们的爸爸在等我们去吃饭呢，我们带着东西，要不然他们在家里该等急了。而且他们的衣服万一又在我们不在的时候做了很脏的事情，洗完澡没有衣服穿了。"这时贝儿也过来帮忙安慰 Joe，委屈的 Joe 还是不肯走，要顾全大局，多多只好说："那我们回家了？我觉得你应该想一下，你能这样推你自己的妹

妹吗？你们是一个爸爸，她是你的妹妹，你不能这样对她，而且她也错了，现在她已经跟你承认错误的时候，你现在又不听她的，你就直接把她推倒了。”看到 Joe 还没反应，多多又说：“那我们就先走了，我们所有人都走了，就你自己在这里呆着。”说完，也只好走到一边，远远地看着 Joe，然后和 Grace 慢慢地往车那边走去。

组织大伙儿排练吧

第二站新叶古村，孩子们的任务是各自找到搭档，准备晚上的 T 台秀。除了 Feynman 以外，其他人都各自找好了搭档，孩子们聚集在一起，不知道要做什么好，多多惦记着晚上的表演，开始提醒大家：“一会 8 点钟的时候，所有人都来了，看到我们所有人都在这发呆坐着，估计他们说你们有没有排练，然后我们说没有，我们都没有排练，我们就像个包子一样坐在这儿，什么都不干，多丢脸啊。所以我们现在应该排练了。”

多多说完，大伙儿才恍然大悟开始讨论，这时 Feynman 默默地出现

了，多多赶紧关切地上前询问道："Feynman，你找到搭档了吗？"经过Joe和杨阳洋的协调，Feynman的搭档也搞定了，全员都齐了，多多便有模有样地开始安排："第一个人是Joe和这位"，说着指一指Joe的搭档，"然后呢，第二个人是……"话还没讲完，孩子开始七嘴八舌讨论起来，贝儿赶紧大声说："别打断多多姐姐的话！"这时状况又出现了，多多的搭档因为年龄太小，开始想妈妈大哭起来，多多安慰半天无果，只好终止排练安排，告诉大家："你要带你们的搭档去你自己的家，给他打扮衣服，之后穿上自己的衣服，然后就回到这个地方表演。现在去，散吧！"将T台秀准备事宜妥妥地安排好之后，多多又赶紧带着哭泣的小搭档回去找奶奶，还赶紧去找了一个新的搭档。

听从了多多的安排，其他的孩子们也有了方向，各自回家开始准备衣服，晚上精彩的T台秀也在孩子们的捣鼓下，成功举行了！

对不起是句神奇的话

在第四站丛林时，爸爸和孩子休息的地方是一整间大屋子，大伙儿搭了通铺，相亲相爱地睡在一起。将屋子打扫干净后，为了保持室内整洁，多多还特地贴了一张提示“No shoes！不能穿鞋！”在门上提醒大家。结果杨阳洋却莽撞地没脱鞋往里冲，一旁的Joe赶紧提醒他要脱鞋，但不知为何杨阳洋的情绪却突然爆发，把门上写着“不准穿鞋”的纸全部撕了下来。

撕下纸条后，杨阳洋知道了纸条的来由，觉得自己犯了错，但碍于尴尬，不知道该怎么办，爸爸杨威得知后，也和杨阳洋进行了一番交流。交流完毕，杨阳洋回到屋子里，知道了事情始末的多多赶紧关切地去找杨阳洋，问道："杨阳洋，刚才你爸爸是不是说你了？"面对多多姐姐的询问，杨阳洋立马低气压地不做声，多多赶紧接着说："这个没关系，杨阳洋，以后你要学会，当你错的时候，你要跟你爸爸说对不起。"

感觉到多多姐姐说得有道理，杨阳洋很认真地聆听。

"在你说对不起的时候，那句话很神，在你犯错的时候，你说对不起，所有事情都会好了。但是呢，杨阳洋，要是你一直不说对不起，事情就

会变得越来越大。那你要不要现在，等你好了，你去和你爸爸说对不起？”

听了多多的话，杨阳洋不停地眨着眼睛，若有所思。

开始吃晚饭了，孩子们比爸爸们先吃，叽叽喳喳，兴高采烈。这时，刚忙完的杨威回到了房间。

“杨阳洋！你爸爸来了，你记得你要说什么？”一见到杨爸爸，多多就提醒杨阳洋。千万别忘记，可是说好的啊。

杨阳洋停下吃饭，眼睛转了转。

“过来，杨阳洋！多多姐姐让你跟我说什么呀？”杨爸爸抱起了儿子，也想跟儿子好好交流一下。

“爸爸，对不起！”有了多多的开导，憋了很久的愧疚，一下子释放，泪水在杨阳洋的眼眶里打转。小男子汉成长了。

【家庭亲子宝典——混龄的团队中，孩子们总能学到更多】

混龄教育是蒙特梭利教育中的典型方式，蒙特梭利的幼儿园基本不会像普通幼儿园那样分成小班、中班、大班。而是幼儿园适龄的孩子，无论大小，都在一个班级里。

《爸爸去哪儿》中，6个孩子的年龄从3岁跨到8岁，恰恰是和蒙特梭利的混龄教育理念相匹配，我们也看到了，在这个小团队中，孩子们之间没有丝毫的“代沟”，大家其乐融融，如同亲兄弟姐妹一样。年龄较小的孩子因为有了多多这个大姐姐做榜样，许多事情不需要爸爸介入也做得有模有样；年龄最大的多多在这个团队中，因为自发地要做好一个大姐姐，要照顾弟弟妹妹，也体会学习到了许多在家里无法经历的东西。对所有的孩子来说，这样的团队组合无疑是非

常完美的。

为什么蒙特梭利的教育理念中会提倡混龄教育，混龄教育又有什么好处？

蒙特梭利博士认为，社会生活最有意义的地方是我们可以接触各式各样的人，如果把同龄儿童分在一个班级里，这是既残酷又不科学的事。

这是一种隔绝儿童与社会关联的做法，造成的后果是彼此之间无法学习、进步。

尤其是在我国独生子女居多的社会现实下，幼儿会有一些不好的心理状态和行为偏差，如：以自我为中心、不懂得关心别人、怕苦怕难、依赖性强、缺乏自主意识和责任感、缺乏创新和接受挑战的意识、心理脆弱、经不起批评和挫折等。混龄教育为幼儿提供了一个健康的成长环境，大带小的活动方式为幼儿提供了社会角色体验的机会，创设了一个能使幼儿感受到接纳、关爱和支持的良好环境，由哥哥姐姐引导弟弟妹妹，避免了单一呆板的说教形式。

蒙特梭利博士也观察到，在蒙特梭利的儿童之家里，不同年龄段的儿童相处得很好，经常相互帮忙。一般的，年龄小的儿童会多观察年龄大一点的儿童的行为，遇到不明白的事也会找他们来解释。

年龄大的儿童在给年龄小的儿童讲解时，效果是非常明显的。试想一下，5 岁儿童的思维是不是比成人更接近 3 岁儿童的思维呢？ 5 岁儿童的讲解更容易让 3 岁的儿童理解。

但有的人也会发出这样的疑问，让 5 岁的儿童给 3 岁的儿童讲解问题这合适吗？如果他讲解错误怎么办啊？事实证明，这种担心是多余的。

一般的，年龄小的儿童不会一直缠着年龄大的儿童问问题，大家都需要自由，都有自己感兴趣的事做。

同时，年龄大的儿童在讲解问题之前，会对自己的知识进行分析和梳理，在讲解过程中自己对学习过的知识也会有更深入的理解。他们之间的沟通会很和谐，不会出现成人担忧的问题。

除了问题的讲解之外，在混龄教育中，孩子们更容易学会谦让和互相照顾，因为在混龄团队中，大孩子会处处以哥哥姐姐的身份要求自己，逐渐忘掉在家里以自我为中心的特殊地位。小的孩子怀有崇拜心理，会用感激的态度服从大哥哥大姐姐的要求。大孩子不会像父母那样全面包办，他们会要求小的孩子做一些力所能及的小事，例如一起收玩具等。如果不服从就不让参加活动，这是最伤心的惩罚。为此，小的孩子必须听话，不敢像在家那样，以发脾气来要挟大人。让不同龄年龄的孩子的交往能力都可得到锻炼，同时也让孩子的语言得到了发展。

这就是为什么，在孩子的群体中，有时大孩子的话比家长的话更管用。例如在《爸爸去哪儿》中，杨阳洋的情绪最后也是在多多的开导下完全释放，杨阳洋也听了多多的话，主动去跟爸爸说了对不起，这就是典型的大孩子的“权威性”，年龄小的孩子更容易接受大孩子的劝导。多多好

的表现也更容易成为其他孩子的榜样，如在新西兰时，不会骑单车的贝儿看到多多会骑，这时多多就成了她好好学骑单车的动力。

处在混龄团队中，给多多也带来了更多收获：去集市时时刻关注 Joe 和 Grace，担心他们走丢，告诉他们不要轻易相信陌生人，这其实主要是成人的工作，但是当只有他们 3 个孩子的时候，多多主动承担了照看的作用；主动去调解吵架中的 Joe 和 Grace 的矛盾，而且很聪明的一个一个分开劝说；新叶古村 T 台秀前，主动组织大家排练，遇到突发状况还不忘先将工作安排好再去处理别的事情……这些经历，在团队中只有多多能够经历，她也因此学到了更多处理突发状况的经验，这都是宝贵的财富，也是在混龄团队中，多多的年龄较大所占的优势。如果是在一群 8 岁的孩子之间，孩子们之间会彼此存在竞争的关系，便难以自然融洽地形成这样的氛围。

所以，当年龄较大的孩子和年龄较小的孩子在一起游戏、学习时，

家长无需担心大孩子和小孩子一起玩会阻碍智力发展，更不会有小孩子和大孩子一起玩吃亏的问题，相反，混龄团队对于孩子的成长有着更多的好处。

【父母课堂贴士】

1、多创造机会让不同年龄段的孩子相处，当孩子相处时，家长尽量不要干预孩子的行为，孩子会自发地形成小团体并形成规则。

2、针对年龄较小的孩子，可以帮助他找到团队中的榜样，通过榜样的力量来学习；针对年龄较大的孩子，可以鼓励他多照顾他人，让不同年龄段的孩子都找到团队中位置和团队游戏、合作的乐趣。

第二课：养只宠物，孩子更有责任感

当面对一只毛茸茸、小小的、对你十分亲密和依恋的小动物时，许多孩子都会抵挡不住这份可爱的诱惑，希望能够将它收入囊中，成为萌宠一枚。许多父母面对孩子这样的请求，却是十分为难，答应孩子吧，担心卫生和安全是一方面，更怕孩子只是一时兴起，养着玩两天就置之不理，或者孩子只管和宠物玩耍，将养宠物带来的一系列吃喝拉撒的麻烦事丢给父母，养孩子已经很辛苦的父母还得再养只宠物；不答应吧，看着孩子那恳求的眼神，实在狠不下心来拒绝。

对于孩子来说，养宠物确实有助于培养孩子的爱心、耐心和责任感，甚至有助于提升孩子的安全感。那么当孩子提出养宠物的要求时，父母应该如何应对？在《爸爸去哪儿》中，黄磊一家也遇到了这样的难题。

【节目情景再现】

在第一站重庆武隆，爸爸和孩子们千辛万苦的

走过了泥泞的下山道路后，用顶碗蹲马步的比赛决出了选房的优先顺序，拔得头筹的黄磊应多多的希望选择了浪漫的5号石头房，村长告诉黄磊和多多说："因为你们是要独自在这里面住，所以有个老奶奶怕你们在山上孤单，就请你们帮忙带个小朋友。可以吗？"多多马上开心地点头。村长提到的小朋友，其实是一只黑色的小狗。一直很喜欢、也很想养一只狗的多多非常高兴，立马给它取名乖乖，跟自己曾经养过的狗的名字一样。

其实在家的时候，多多就有了"秘密目标"：攒够3000分，就可以养一只狗。所以和乖乖相处了两天后，多多就很希望能够将它带回家了。在第一站旅行结束后，以为再也见不到乖乖的多多十分难过，说自己会想它的，黄磊安慰女儿："我答应你，一定让你养一只狗。"在离开天坑前，多多就很想把乖乖带回家。爸爸黄磊对多多说："你要相信我，你问问阿姨，能不能抱狗狗上飞机，你问一下好不好？她要说可以，我马上把狗给你带到北京，好不好？"

多多默默地沉思，黄磊赶紧趁热打铁："真的不行，我没有骗你。你坐过这么多次飞机，你见过有一个人在飞机上带着狗狗吗？你跟它再玩一会儿，再抱抱它吧！”

即使再多不舍，懂事的多多心里也清楚，乖乖确实不能带回家，抱着乖乖的多多流下了眼泪。

在第二站新叶古村的旅行中，村长特地将乖乖也一起带到了节目现场，多多喜出望外，这一次，贝儿也表示出了对乖乖的喜爱，抱着乖乖不肯放手，还希望晚上将乖乖带回去，多多虽然不愿意，却不想说出“不”来伤害小伙伴的感情，无奈的她只好找爸爸去商量，正忙着做饭的黄磊无暇倾听女儿诉苦，要多多自己想办法解决，这时候乖乖突然拉肚子了，它在哪过夜的问题瞬间消失，多多担心得连晚饭都吃不下了！最后还好只是虚惊一场，但多多对乖乖的关爱已经溢于言表了。

在接下来的每一次旅行中，乖乖都陪伴在多多身旁，给她带来了许多快乐。在这期间，多多也多次表达过希望能够领养乖乖，但爸爸妈妈一直都没有答应。而在甘肃石林的旅行结束后，因为手续问题，乖乖不能够再去台北和新西兰，想到可能今后都见不到乖乖，多多怀着忐忑的心情给妈妈打了个电

话，希望能够将乖乖带回家。我们从荧幕上看到了她期盼的眼神、说到可能要和乖乖分别时忍不住的泪水，和妈妈答应后，多多的快乐和喜极而泣，我们看到了多多对乖乖的爱。当然，我们也看到了爸爸妈妈答应多多养乖乖的“条件”：

爸爸说：

第一，不要生气；

第二，好好练琴，每天回来好好写作业；

第三，如果你要养乖乖，你就得每天自己有责任感，要带它出去，每天哦，只要一叫你说，多多，要带乖乖去尿尿了，你就要起来带它去尿尿，能做到吗?

妈妈说：

如果妈妈答应你了，你要答应妈妈几件事情，你不能说因为现在我答应你养了，你说答应，到时候你做不到，那爸爸会监督你的，如果你要做不到，妈妈可能到时候就说，那就不养了，妈妈相信你，你答应就能做到。

【家庭亲子宝典——培养责任感需要家长和孩子共同努力】

几经商讨，多多终于如愿以偿领养了小狗乖乖。在这个过程中，我们看到了多多从内心散发的爱心。答应让多多养宠物，多爸多妈所提出来的要求，也是将乖乖从一个孩子的玩伴的角色，改变为了一个需要孩子去亲手照顾的小伙伴的角色。对于宠物，只有让孩子亲身参与照顾了，对于“宠物”、对于这样的一条生命才会有更加真实的情感。

黄磊对于乖乖也是很有感情的，他曾发文《小狗的天堂》，来纪念为保护他和多多被咬死的宠物“乖乖一世”，对于这只叫乖乖的小狗，黄磊甚至觉得可能它就是原来的那只狗。但他对“乖乖一世”的情感是属于他的，多多对眼前的这只叫乖乖的小狗的喜爱，是属于女儿独有的。这只小狗的存在，黄磊更希望的，是能够培养多多的责任感，在责任感的培养上，多爸多妈可谓是配合得相当默契，因为当爸爸提出了要求后，妈妈也告诉了多多，“妈妈相信你，你答应妈妈你要做到”。

这就是告诉了孩子责任和责任背后需要承担的后果——如果你不遵守对乖乖的责任，那么需要承担的后果是，不可以再养乖乖。让孩子从情感上，和事实上，都能够学到，并遵守承诺，做到自己需要做到的责任。

责任感是一种自觉主动地做好份内份外一切有益事情的精神状态。责任感与一般的心理情感所不同的是，它属于社会道德心理的范畴。在人的一生中，责任心是非常重要的，一个人有无责任感，小到影响自己的生活，大到影响长大后能够更好的适应社会。

责任感不是天生就会的，而是需要学习的。英国哲学家洛克在其研究中提出，道德感不是天赋的，而是儿童从小接受教育和训练的结果。洛克指出，德行教育的培养首先在于培养学生的自制力，使行动服从理智的指导。自我克制能力也是衡量一个人心理是否健康的标准。为此，在德育训练方面，洛克提出了许多建议:一是及早实践，二是严而有度，三是奖罚得当，四是以理服人，五是养成习惯，六是树立榜样。

所以，针对孩子责任感的培养，要从小就着手。在孩子婴幼儿时期，大部分事情需要家长帮助去完成，如果在孩子小的时候，不及时地告知孩子应该自己的事情自己做，孩子就会认为事情都应该是父母去完成，这其实就是一种责任心的缺失。当然，这种责任心的缺失是不能够责怪孩子的，因为没有人去教育他们，什么是责任心。

在孩子的成长过程中，家长作为孩子的第一位老师，需要在日常生活中，以身作则的去示范、去传授、去培养孩子的责任感。从孩子能力所能及的小事做起，例如负责每天吃饭的时候给家庭成员拿筷子，自己的玩具自己负责收好等。当孩子做得很好的时候，家长也应该针对孩子的行为给予鼓励和奖励。

反之，孩子也要明白，责任的

背后，是需要承担的后果，对于孩子来说，有时也需要从失败或惩罚中学到责任感的重要，当然，如果孩子没有做到承诺，家长也要注意惩罚的尺度，因为惩罚不是目的，而是方法，用恰当的，不会给孩子带来心理阴影的处理方式，才能让孩子真的懂得责任的重要性。否则，一旦手段过激，反而会让孩子以后更害怕承担责任，这是非常不利于性格培养的。有一则关于美国总统里根的故事广泛流传，讲的就是父母帮助他承担责任的例子，据说里根在 11 岁时踢足球不小心打碎了邻居的玻璃，面对邻居的“高额索赔”，里根在认错后，为难地向父母借了钱去还给邻居，并通过之后自己的努力，打工挣钱还给了父母，并在日后的回忆中表示：“通过自己的劳动来承担过失，使我懂得了什么叫责任。”假设，里根的父母当年是将里根打骂一顿，然后赔钱了事，而不是冷静地借钱给孩子并要求有借有还，或许这个故事将是另一种走向，或许是从此孩子闯了祸都不敢跟家里说，甚至学会撒谎等等，当然这只是假设，但我们要明白的是，孩子责任感的培养，需要家长的智慧，更需要家长的耐心。

同时，在培养孩子责任感的时候，还有一件重要的事情是父母需要做的，就是协助孩子做出正确的决定。还是养宠物的例子，有些孩子可能只是一时兴起，有些孩子可能是真心想养，父母在这个时候，应该和孩子一起制定和讨论出养宠物的细节，详细列出要做的事情，并且分好工，规定好责任人。这样让孩子看清做一件事需要付出的努力，然后再自己判断做出决定。但由养宠物的要求引申出的如好好弹琴这样的要求，其实是不应该在这时提出，因为想养宠物本身是一件好事，如果将“好好弹琴”设定成了“养宠物”的条件，将“责任”的范围和意义复杂化，反而混淆了事情本身的目的。

通常父母拒绝孩子的一些要求，是有父母的预设立场在其中，会根

据过往经验假设孩子能做或不能做的事情，如果父母预先判断孩子做不到，自然直接否定，而不是帮助孩子来做决定。所以，当孩子提出某一个要求时，父母应该是抱着鼓励支持的态度，然后用列清事实、划定责任的方式帮助孩子做出正确的决定，一旦孩子决定做，也需要在孩子遗忘分工和责任的时候加以提醒，帮助孩子持之以恒。

【父母课堂贴士】

1、从孩子小时候起，就要求孩子自己的事情自己做。

2、让孩子去承担家庭中的责任。家长可以让孩子做一些力所能及的事情，例如吃饭时摆好碗筷等，并给到孩子适当的鼓励和表扬。

3、教会孩子勇于承担自己的过失，但要注意方法，不要伤害孩子的心理，以免适得其反。

4、父母在日常生活中要以身作则，言行一致，尤其是答应了孩子的事情一定要做到。

第三课：爸爸的话，是道理，也让人暖心

暖爸黄磊在《爸爸去哪儿》中展现出了他超知性的一面，在和多多的相处中，他常常能发现生活的闪光点，人性的闪光点，不仅是感悟到父女亲情，也从中理解了更多做父母的心，从他和多多的相处，会想到当年他的父母和他的相处。黄磊的每一次感悟，就好像是一碗心灵鸡汤，也滋润着每一位观众的心田。

【节目情景再现】

我要再活60年

第一站武隆天坑，在旅行的第二天，忙碌了一整天的爸爸和孩子们

终于可以回到家里去休息了，这是天都已经黑了。住在5号石头房的黄磊和多多，这时得摸着黑朝他们的屋子慢慢前行，多多走在前面，黄磊走在后面，脚下路不好走，黄磊一路都高高地举着灯为多多照明，边走边气喘吁吁地说："我还要再活60年，以后咱俩上山的时候，我在后面举个灯，好不好？"尚在年幼的多多还不太能解读爸爸这个时候的心情，但黄磊对女儿的爱早已表现得淋漓尽致了。

我愿意永远在她身后

第二站新叶古村，天气炎热，在爸爸们历尽千辛完成了铁人五项的比赛后，大家伙儿已经累得没有力气了，但一直在一旁观战的孩子们还兴致勃勃，尤其是多多，看到那一汪清澈的河水，早就技痒，想下河去游泳了，在征得爸爸的同意后，多多欢乐地跳进了水里，享受着清凉河水的滋润。看着女儿在水里欢快地游着，黄磊自己也下水游了起来，父女俩在水里享受了比赛之余的美好时光。

接着，黄磊和多多父女俩来了一个游泳比赛。比赛开始，父女俩齐头并进、不相上下，但是黄磊爸爸在后半程明显减慢了速度，一直游在

女儿的身后，因为他想让女儿赢，但是又不能表现得太明显。

游到岸边的时候，有一个特别大的木盆漂过来，眼看就要撞到多多，黄磊飞速伸手拉走了木盆。多多毫无察觉地游到了岸边，却不知道在自己前行的路上，身后的爸爸其实为她摆平了无数的障碍。坐在岸边，黄磊说："我忽然在想，我的父亲、母亲，有多少次也是在我身后这样，帮我一把。我愿意永远在她身后，看到那个大盆的时候，能悄悄给她拉开，然后还告诉她说，你赢了。"

正如黄磊所说，当我们年幼的时候，总也不会知道父母为我们做了什么，还以为前行的道路就应该一帆风顺，只有当自己做了父母，为自己的孩子付出的时候，才能够体会到当年，我们的父辈在我们身后的凝望，付出，才能够体会到他们的心情。

我觉得一切都值得

第三站苗寨。节目组特地为爸爸和孩子们安排了一个超级温情的环节：给爸爸洗脚。于是各家各户，每个孩子都忙碌起来，烧水、打水……爸爸也可以安安稳稳地坐着，享受这一刻。

多多也很快就准备好了，将一盆水端到黄磊面前，坐在一个小板凳上，多多弯着身子、低着头，认认真真地给爸爸洗脚，每个脚趾头都不放过。黄磊感慨地说："一直习惯蹲在她的面前，给她洗澡，给她穿鞋，给她换衣服，父母与孩子，孩子与父母，一直是这样的关系，我突然看到了我女儿的头顶，我觉得一切都值得。"

女儿是我人生最大的支点

在《爸爸去哪儿》首集播出后，节目对5位爸爸做了访问，独自带着孩子出门旅行，常常还有各种困难的条件和任务，爸爸们对孩子都有了更深的认识，对于做父亲也有了更多思考。

节目组：黄老师，你觉得《爸爸去哪儿》这个节目算不算近几年给你带来痛苦或思考、纠结或快乐最多的一个节目。

黄磊：不是，但节目并不是全部，任何事情，如果最后达到的结果，不是说收视率好或者播出好，而是传递的东西好就值得，所以你在其中的时候，在一个节目的过程和在一个人生的过程你都值得，反正你自己发现了好的就行。

黄磊：我希望她看到我完成任务，我希望在她面前是一个无所不能的爸爸，让她骄傲的爸爸。所以我常常会在最疲惫或者是绝望的时候，去找到一个支点，在这个节目里，我最大的支点就是我女儿，她是我人生最大的支点。

对不起我也会输

在第五站呼伦贝尔大草原，天苍苍野茫茫，爸爸和孩子们也顿觉豪气丛生，这一次的选房比赛是射箭，换上了传统服饰后的大家颇有点“大漠神射手”的味道，但经过了5轮比拼后，唯有5发5中的陆毅被誉为了真正的“神射手”，黄磊最后也只拿了个第四名，所以在最后，只能选了个不太好的4号房。

进入到4号房，多多看到地上全是草，屋子里又小又乱，当黄磊问道“你觉得好不好”的时候，多多实在有点无言以对，而是开始担心房间里会不会漏雨起来。

看到女儿的失望和不适应，黄磊赶紧说道：“我把它重新布

置一下，让它变得非常温馨好不好。”

“你现在是还不太喜欢这个，因为主要是地上你觉得有点脏对不对？”

“嗯。”多多边回答边四处张望，脸上还是掩不住的失望。

这时黄磊在床边坐下，伸手将多多抱到怀里，然后说：“我知道你希望我赢到 3 号房对不对，刚才我那一箭射到我们就可以选 3 号房，但是对不起，有时候我也会输，我没有射到，但是我已经尽力了，好不好。”过了一会儿，黄磊又说：“但是你要这么想，多多，我们有 5 个家庭，是不是有 6 个小孩儿，总有人会住在这个房间，对不对？”

话还没有讲完，屋外突然传来了村长嘹亮的歌声，但黄磊已经不用再讲下去了，因为从多多的表情来看，她已经理解了爸爸的意思，对不喜欢的 4 号房，也已经完全释然了。

【家庭亲子宝典——教育要在合适的时机】

在日常生活中，黄磊总是非常注重和孩子的交流，正如朋友和多妈所评价的，黄磊将多多当成朋友，也是能和孩子玩到一起的爸爸，所以父女俩之间的对话常常显得十分平等。黄磊在教育多多的同时，也常常“被教育到”，自己也联想体会到过往。中国人常说的“自己做了父母才能够体会到做父母的滋味”，在黄磊身上可谓是表现得最为突出。

黄磊也总是能够抓紧每一次机会、每一个细节去教多多一些东西，每一次他给多多讲道理时，多多也都能听得很认真，并接受，这是黄磊将“讲道理”的时机和方法把握的十分准确。

家庭教育中也总会有需要跟孩子讲道理的时候，有时家长会发现，给孩子讲道理，孩子怎么也听不进去，左耳朵进右耳朵出，或者是听了没两句就开始神游，根本不知道家长在讲什么。发生这样的情况，通常是因为家长讲道理的时机不对，或者讲的道理对于孩子来说过于深奥。

成人的世界和孩子的世界是不同的，二者对于道理的理解是不同的，所以，当成人想要给孩子讲道理时，需要转换成孩子能够听得进去、能够认同的话语。现在无论是书本中，或者是网络上，许多给成人看的心灵鸡汤、人生哲学都需要借助各式各样的故事或例子，何况是给孩子讲道理呢？

同时，给孩子讲道理需要选择合适的时机，最理想的状态是就事论事，正好遇到了某一件事情，仅仅针对该事件，深入浅出地给孩子讲一讲，让孩子也可以结合发生的事情，感同身受，且讲的时间不宜过长，不宜啰嗦，孩子明白后，家长就应该让孩子自己去琢磨体会，否则可能形成反效果，让孩子产生逆反心理，反而不利于沟通教育。

【父母课堂贴士】

1、给孩子讲道理要注意把握时机，不要无缘无故地教育孩子，最好是结合新鲜发生的，孩子有参与的时间，就事论事的和孩子讨论。

2、给孩子讲道理应该用简单的表达，没有必要将一件事引申出过于复杂的道理，以免孩子难以理解，难以认同。

3、给孩子讲道理切记啰嗦，一旦孩子明白了，家长应该让孩子自己去体会，过于啰嗦是对孩子的一种冒犯，反而容易激起孩子的逆反心理，不利于沟通。

第三章

陆毅家庭篇

贝儿
宝贝
陆毅
老爸

帅爸陆毅：越来越柔软的老爸

摩羯座的陆毅和天蝎座的贝儿都是看似外表冷淡，实则内心火热的人。戏里擅长表演苦情、冷面、沉默的陆毅，戏外却完全是阳光灿烂的性格，在本季的《爸爸去哪儿》里冷幽默天赋完全大放松，甚至被大家称为“补刀王”。很多细节都充分体现着毫不刻意的喜感。而这种开朗幽默的性格，也对贝儿有着极大的影响。有着儿童系冷幽默特性的贝儿，尽管自己年纪也并不大，但绝不吝于向弟弟妹妹伸出援手。这很大程度上源于爱说俏皮话的陆毅在团队中扮演的也是乐于助人的角色。每个孩子的性格都受到遗传和环境的影响，但后天家庭环境潜移默化的作用，将会最终影响孩子性格的形成。而父母在生活中的点滴作为，都有可能关乎日后孩子性格的最终养成。随着孩子慢慢地成长，他的性格逐渐趋向社会性，受环境的影响加深。但在孩子性格形成的过程中，作为父母对他们的影响是非常重要的，如果你希望自己的孩子乐观开朗，那么就要用你自己的行为方式去施加影响。

声音和笑容都甜甜的贝儿被称为治愈系宝贝实在是实至名归。从主动帮 Grace 妹妹找 T 台秀搭档到会议中替多多姐姐维护秩序，以及把自己的衣服分享给别的小朋友，她无时不刻在诠释着活泼开朗和热心助人。最让人觉得难得的是，在贝儿这里没有隔夜仇，她会直接告诉多多姐姐她们的小友情遇到了考验，可没过多久贝儿就又会主动和多多道歉示好，心地坦荡一百分。加上时不时发出的大招——甜美笑容，难怪众多网友热烈呼吁陆毅夫妇撰写《明朗少女养成记》。

很多人都说，陆家对贝儿的教育方式是典型的富养，妈妈鲍蕾也提到过对贝儿是富养兼放养，但爸爸妈妈对贝儿的事情不是包办，富养更多体现在对孩子心态的富足上。与其说贝儿是富养，不如说是被好好呵护、好好教养着的。连村长都点评过陆家的方式是全开放式的，那就是希望孩子可以多感受生活的方方面面。

秉承全开放式教育方式的陆毅，更多的时候是默默关注、关心着贝儿，他很少在镜头前直接教育贝儿，但却不乏神来之笔。特别喜欢小动物的贝儿，对多多姐姐的小狗乖乖爱不释手，一整天紧紧抱着小狗不放手。爸爸陆毅看到了问题，但却并没有开口说什么，他只是有样学样，一样紧紧地抱着贝儿让她喘不过气来，直到挣脱不掉的贝儿想哭为止。然后，爸爸告诉贝儿，其实小狗乖乖此刻的感受和她一样，聪慧的贝儿立刻就明白了，爱不是占有，爱也不是霸道。看，这是多么精彩的一堂课。

让很多喜欢贝儿的朋友津津乐道的还有小姑娘的“话唠”。可能和家庭环境有关，小贝儿的语言天赋非常强，吐字清晰且乐于发表自己的观点。

她“质问”过村长，为什么只有村长什么都不用干；也在早餐测试环节，大声质问为何自己的盆子是空的；也主动向多多姐姐承认错误；当然最多的就是那一声声标志性呼唤“哦，Feynman”。陆毅给予最多的是聆听女儿的碎碎念，并在关键时刻给予回应。语言智能得到充分发展的贝儿十分喜欢和爸爸分享自己的所见。她很文艺地告诉爸爸，“想感受泥土的软”；她还这样向爸爸撒娇：“爸爸你让我受委屈了，因为我想你了”。柔软了不仅是陆毅，还有观众们的心。

因为喜欢重复村长的话，跟着要了小手段的村长说“陆毅是我哥哥”的贝儿让人忍俊不禁，笑过之余便有人说贝儿和爸爸是“无年龄差兄妹组”。这个说法倒确实有“科学依据”，因为仔细推敲一下，陆毅和贝儿彼此信任，说是朋友也不牵强。爸爸要喝贝儿的小牛奶，贝儿大方和爸爸分享，大口大口喝了之后的爸爸觉得味道不错，立刻派贝儿去多寻些回来，荧屏前不少观众一瞬间觉得这角色似乎有些错位。贝儿却毫不在意，捏着半空的牛奶盒子，很开心地帮爸爸找牛奶去了，表现得如此自然又独立。

爱笑的贝儿将来也有很大可能成为一枚“暖妹纸”，除了性格阳光，自信程度很高是她另一个显著的特点。陆毅和女儿的相处模

式是：遇到共同的问题时就充分信任，遇到相互的问题时就彼此平等沟通。在对孩子保持影响力和关注度的同时，陆毅保持着一种不需把聪明用到极致的松弛状态。这种态度对孩子来说，会感到周遭的环境给予的压力没有那么大，自信心程度就会比较高。在天坑村，贝儿敢于“质问”村长为啥就他一人不用干活。这既是孩子追求公平的一种体现，也体现了贝儿不惮于在成年人面前表达自己意见的渴望。

陆毅自称和女儿平时里相处不够多，在录节目前是“家里的摆设”，录节目之后成功转型为“女儿的玩具”。但事实上他却对女儿有着准确的了解——甫一出发，他就火眼金睛地识破贝儿在假哭；在做饭环节，他很清楚贝儿不爱吃晚饭，但喜欢吃竹笋；并且也预见到了贝儿在平日生活的框架里有拘束感，一旦进入大自然会很放松，玩得开。于是，这段旅行的时光才成就了越来越坚强的贝儿和越来越柔软的老爸。所以，即使你没办法做到准确捕捉每一个孩子的细节，但请对他有最基本的把握。如果你真的那么忙，没办法做到和孩子相处那么多时间，那请至少保证你在他的生活里并不缺位。

前不久，贝儿刚刚度过了自己的六岁生日，她的粉丝们写下了如下的生日祝词：

你像是太阳和温暖的空气，你眉眼弯弯地笑着，你稚气糯糯的讲话声音，你嘟嘟嘴时可爱的模样，你应该就是天使怀里的孩子，不小心落入了凡间，亲爱的小天使，已经六岁了，亲爱的贝儿生日快乐。

希望你在自己的世界里永远开心，希望你健健康康，快快乐乐地长大，亲爱的大长腿贝乐爷，我们永远爱你。

第一课：穷养、富养与好好养的命题

明朗的小少女贝儿是一颗不折不扣的小开心果，甜甜的微笑和甜甜的声音是她的个人招牌，所以被称为治愈系宝贝实在是实至名归。也无怪“知乎”上有人问：“如何才是情商高的人？”居然有一众网友纷纷提名贝儿，说高情商的一大表现就是像贝儿那样热爱生活。可爱的小公主不是一日炼就的，小贝儿也只是一个学龄前儿童，时不时犯一下小迷糊、闹个小别扭也是非常能让人理解的。随着贝儿明朗少女的形象日益深入人心，陆毅家的全开放式教育方法也再度成了大家热议的话题：孩子到底该穷养还是富养呢？

那让我们先回顾一下梦幻小公主偶尔迷糊时。

【节目情景再现】

梦幻公主迷糊篇

在地笋寨，孩子们领到了新的任务，那就是将采来的杨梅卖掉，赚来的钱给地笋寨村民老奶奶潘玉兰买一份礼物。

采摘好杨梅，孩子们到达了集市。有人围过来问杨梅多少钱一斤，在贝儿和多多稀里糊涂的喊价中，最终以六元钱一斤商定了价钱，多多率先卖掉了一部分杨梅。

又有人来问贝儿的杨梅多少钱一斤，贝儿大声说一百元，阿姨说只有十元钱，贝儿想了想，那就十元钱吧！眼看着就要卖出杨梅了，可是贝儿却完全被一只呆萌的鸭子迷住了，一直在逗鸭子玩，完全忘记了卖杨梅的事。围观的人都在提醒贝儿，有人要买杨梅，可贝儿玩心大发一门心思都在鸭子身上，根本顾不得杨梅了。

买杨梅的阿姨只好把目光投向Grace。Grace的杨梅一口价十元钱，顺利地卖了出去。

多多也卖完了剩下的杨梅，她数了数自己和Grace的钱，思考着能买什么礼物送给老奶奶。

贝儿的杨梅还是原封不动地装在篮子里，贝儿说，她想把杨梅带回去给老奶奶。这虽然有没有完成任务的嫌疑，但也是一份心意嘛。不过，经过一番思考之后，贝儿还是决定卖杨梅。

多多把赚来的钱放在地上，一张一张地叠整齐，放进口袋里。贝儿突然拿起一块钱，说："给我一张吧！"

多多觉得很委屈，自己好不容易挣来的钱，就这样被贝儿拿走了。旁边的老乡鼓励多多跟贝儿好好沟通，多多就对贝儿说："贝儿，你自己都不卖出去，你却随便拿别人的钱对吗？我放在地上数一下，你就把它拿走了。"多多还提醒贝儿应该把杨梅卖出去，这样才有钱买礼物。

贝儿听了多多姐姐说的话，把钱还给了她。三个小伙伴一起卖贝儿的杨梅，可是已经错过了最好的时机，人群都散了，一直也没有人买杨梅。于是小伙伴们决定先去给老奶奶买礼物。男孩们选择买了拖鞋，同样对拖鞋感兴趣的女孩组也在鞋摊前停下了脚步。多多拿着一双拖鞋问小伙伴："你们觉得这个老太太可以穿吗？"

贝儿却被一款可爱的公主鞋吸引住了，她指着那双鞋说："我觉得这个我也可以穿。"

Grace也拿起一款红色的公主鞋，有样学样地说："我觉得这个我也可以穿。"

两个小女孩已经完全切入到扫街模式了。多多却一直保持理性，以十元钱的价格给老奶奶买了拖鞋。贝儿和 Grace 一直盯着可爱的公主鞋，“我想买这个，我想买这个……”多多说：“你们不可以给自己买，你们只能给奶奶买，今天是要给奶奶买礼物。”

可是实在割舍不下，两个妹妹还是请老板包好了鞋子。

公主鞋十元钱一双，Grace 正好有十元钱，可贝儿却没有钱，只能再向多多姐姐开口。多多给了贝儿一元钱，可是贝儿需要的是十元钱，怎么办呢？大家都开始左右为难，多多继续劝说两个小妹妹：“今天不是给自己买鞋子，是给老奶奶买鞋子，所以你们应该退掉……”

一直仔细聆听的 Grace 终于主动去把鞋子退还给了阿姨，多多开心地亲着 Grace，说：“姐姐，你怎么那么棒啊！”

多多想以 Grace 为榜样来说服贝儿，可迷迷糊糊的贝儿执拗起来，她实在是太想要那双公主鞋了，于是她一把抢过 Grace 手中的十元钱，为自己买鞋。Grace 用无辜的眼神望着多多和贝儿，怎么会这样？多多作为组长只好出面解决问题：“你拿姐姐的钱，不可以的！”可是贝儿买鞋的心意已决，拿着鞋默默地走开了。

这时，多多做出了一个勇敢的决定，她先是从鞋摊老板要回钱还给了Grace，然后又把贝儿手中的鞋抢了过来，还给了老板。贝儿的公主梦彻底破灭了，开始哽咽，默默留下了伤心的眼泪。

多多看见贝儿哽咽，又十分心疼，她把自己手里的钱全部给了贝儿。但她还是坚持原则，对贝儿说，今天不能给自己买鞋子，今天的钱是要给老奶奶买礼物。多多重新回到鞋摊前，苦苦哀求老板把公主鞋送给贝儿。这时候，贝儿那篮没有卖掉的杨梅派上了用场，并且在Grace的“拜托拜托”的恳请下，老板被孩子们的纯真融化了，终于同意用杨梅换一双公主鞋了。多多和Grace开心地说着谢谢。

贝儿得到了她想要的公主鞋，给老奶奶的礼物也可以继续买了。多多帮Grace给老奶奶买了一双布鞋，又帮贝儿给老奶奶买了鞋垫。礼物大采购虽然经历了一番波折，也算是顺利完成了。

采购归来，孩子们要去潘奶奶家送礼物了。

想到刚刚的鞋子事件，贝儿心里还是有些不舒服，她对多多说：“多多，我不喜欢你了，因为你抢走了我的鞋子。”

多多顿时觉得十分委屈，转头往另外一个方向走去，随后坐在凉亭里伤心地哭了起来。

贝儿独自走了一段之后也若有所思，终于停下脚步，转回身跑到多多的面前，说：“多多姐姐，我有一句话要说，我跟你和好。”

多多听贝儿这么说，一把抱住了贝儿，两个孩子立刻和好如初。

宝贝们终于来到了老奶奶的家，孩子们将自己的礼物一件件拿出来，这个是三根胡萝卜，杨阳洋给你的，这个是姐姐买的，这个是不小心买了个一样的拖鞋，这个是番茄……老奶奶感动不已。多多甜甜地给老奶奶送上了拖鞋，并且贴心周到地垫上了鞋垫。

颇为了解贝儿的爸爸陆毅一眼看到了贝儿已经穿到脚上闪闪发光的

公主鞋，便问："贝儿，这鞋是怎么买的？你卖杨梅卖了多少钱？"

贝儿想要回避这个问题，沉默不语。

陆毅继续说："我们今天早上布置任务的时候，是采完杨梅，卖完了，我们是要给老奶奶买礼物的，你怎么给自己买了双鞋呢？"

贝儿继续沉默，最后说："因为我特别喜欢这个。"

陆毅趁机教育贝儿："你特别喜欢这个，你要回来跟爸爸说，爸爸去给你买。你看，大家都给奶奶买礼物了！你看大家多开心啊，给奶奶买礼物，自己劳动，自己卖的，然后拿了钱给老奶奶买礼物，你呢？"

给老奶奶送完礼物的小伙伴们开开心心地离开了，陆毅还在继续教育贝儿，怀着内疚心情的贝儿渐渐流下眼泪。

陆毅爸爸想让贝儿记住这次的教训，学会集中注意力，于是他给了贝儿一点惩罚，就是把脚上的公主鞋脱下来，再也不要穿了，并且给老奶奶道歉。另外，他还让贝儿选了一样自己的东西送给老奶奶作为礼物。

贝儿拿着自己的小小电风扇送给了老奶奶，同时流着泪向老奶奶说对不起。虽然认识到了自己的错误，但委屈依然还在，贝儿扑到爸爸的怀里哭了起来。

事后，陆毅把责任归结到自己的教育上，深深自责。孩子对于钱没有概念，这不是什么问题，但陆毅对孩子的教育认识非常到位，注意力不集中是一个需要及时纠正的问题。

【家庭亲子宝典——不是穷养也不是富养，而是好好养】

"生男孩穷养，生女孩富养"这个论调虽然老生常谈，却能长期稳居育儿话题排行榜前三甲。不论男生、女生，如果因为长期被忽视遂自我放逐，或者因为过度重视而玻璃心公主病，都不会讨喜。苦难本身没有

价值，有价值的是被艰苦磨砺出的可贵意志品质；财富本身就有价值，比财富自有属性更可贵的是知礼节、懂进退的良好修养，所以我们认为，养育孩子不能简单以穷养、富养来一刀切，应该有的态度是既不是穷养，也不是富养，而应该是好好养。

说“穷养儿”是为了让“儿”学会奋斗，“富养女”是为了不让女儿受骗，这话听起来有一定的道理，但未必适用于每个孩子。孩子用的、吃的都是名牌，想要什么都能轻易满足，时间久了，孩子对什么东西也不珍惜，“糕点吃了一口就扔掉、衣服没穿几次就不要了、好吃懒做……”这样下去，虽然不容易被骗，但也不会成为有用之人。

至于“穷养”，在当今这个时代，孩子的自尊心都很强，又十分敏感，有时过度的“穷”会让“儿”产生自卑感，与同龄人相比他会不自觉地失去自信。“儿”也好，“女”也罢，养育孩子都要适度，让孩子在一个

健康、温馨、和谐的家庭环境中成长。

富养不是“宠养”“放养”，穷养不是“贱养”。好好养女儿，除了满足她物质上正当的需要，更重要的是要培养她健康向上的个性，开朗乐观的性格。富养女的愿望是美好的，但很容易以宠爱的名义害了孩子，会造就女孩任性、虚荣、跋扈和自私的个性，无法面对生活中的挫折。关于穷养儿，也并不是贱养，而是从小培养他艰苦朴素、吃苦耐劳的作风。以便将来能够不畏恶劣的生存环境和残酷的社会竞争，创出一方属于自己的天空。

反观贝儿她性格明朗活泼，爱父母、爱伙伴也爱自己，用真心对待着朋友，也有着孩子气的小毛病，好在爸爸陆毅“火眼金睛”及时发现毫不迁就，既讲道理又给予了适度的惩罚，让她记住了自己做错的地方。

我们既不希望孩子被宠爱娇纵出来大小姐脾气，也不希望孩子被苦难压抑出勾心斗角斤斤计较，而是成为一个有教养的好孩子。好好养就是培养孩子从年幼之时，就能明白的最基本的“是”与“非”的标准，是必须懂得的事理和常识；能做到心中有一杆秤能判断善恶，用礼貌、规则，知所进退。让孩子成为有良好教养的人，做到举止合范，进退有度，在取舍之间能把握好分寸。

好好养也是富养，这里的“富”是让孩子

有心灵上的富足感，让他明白自己是被爸爸妈妈全心全意爱着的。好好养也是穷养，这的“穷”是让孩子有节俭、朴素的作风，让他明白骄奢淫逸是错误的习性。对孩子来说，最重要的是正确价值观的建立。请帮助孩子建立规则性、原则性，克制自己的物欲膨胀。给他全开放式的教育环境，又能有接受挫折的勇气，这样才能好好养出有着充分安全感的好孩子。

养育孩子是父母不可推卸的责任，而怎样养育孩子也是父母可以自由选择的权利。父母当然有权采用合法的适合自己的方式养儿育女，无论“穷养”还是“富养”，只要用心好好养，就能和孩子一起健康成长。

【父母课堂贴士】

1、日常生活中，培养孩子良好的独立自理能力，让他做一些力所能及的事情，要求孩子自己的事情自己做。培养他敢于承担、不怕挫折的

勇气，培养他持之以恒的毅力和耐力，这些才是吃苦精神的根本所在。

2、家长要培养孩子对金钱的正确认识。不能过分看重钱，钱不是万能的，但没有钱也是万万不能的。家长要告诉孩子重要的是要靠自己的努力和聪明才智来赚钱，并可从小培养孩子的财商，让孩子能思考自己的人生，逐步具备独立思考问题的能力和一定的理财能力。

3、不能不分青红皂白满足孩子所有物质需求，该说不的时候要说不，孩子需要的不仅是物质需求，还有精神上的满足。

第二课：有一种爱叫放手

“融四岁，能让梨”，孔融小小年纪懂得谦让的故事家喻户晓。但无论讲了多少遍，家长仍感觉到孩子很“独”。这个“独”不是孤独，而是独霸、独占，是对周围事物表现得很自私、占有欲望极强，不懂得与人分享，甚至会抢夺小伙伴的物品占为己有，这让许多家长头疼不已。蛮横的小霸王形象实在不讨人喜欢，该如何教育孩子成为一个既懂得谦让和分享，也不隐忍自我的豁达宝贝，是很多家长所关注的。在本季《爸爸去哪儿》里，牵动很多人心的小狗乖乖也一样得到了贝儿的喜爱，明朗的小少女也因为太想拥有这可爱的小东西和多多姐姐险些闹了小矛盾。好在爸爸陆毅用了很简单也很有效的方法让贝儿立刻明白了“己所不欲，未施于人”的道理，放下了独占乖乖的念头，明白了“有一种爱叫放手”。

【节目情景再现】

小狗乖乖篇

新叶古村的晚上，爸爸们和姚明一起切磋完篮球正在准备晚饭。卧室里，宝贝们正在逗狗狗。

贝儿说:“快过来，快，乖乖过来，让姐姐玩玩。”

“它怕你啦……你别一直拉它，不要拉。”Joe谨记这是多多姐姐的狗狗。

多多也说：“你不要拉它嘛，贝儿！感觉它非常不舒服！”

“我想抱抱它。”太爱狗狗的贝儿，一秒都不想离开乖乖。

Feynman也搅合了进来:“我要抱，我也想抱抱。”

贝儿不愿意放开乖乖，说:“先让它静下来一下。”

多多作为大姐姐马上进行了裁判：“大家一直都没抱，你一直在抱，贝儿。”

贝儿赶紧把狗狗递给了Feynman。可是Feynman抱狗狗的姿势不对，Joe提醒已经来不及，狗狗滑了下来。

贝儿见狗狗滑落到地上，立刻叫了起来：“你把它弄翻了，它很害怕你哟！”

多多想用转移注意力的方法让大家离开小狗，

于是提议去玩捉迷藏，但贝儿不为所动，只想和乖乖一起玩。贝儿又抱起了乖乖，说：“它需要我抱着，我抱着它多乖啊！”

小伙伴们还是决定去玩游戏，贝儿没有跟上，多多又回到屋内叫贝儿。这一次，贝儿怕被责怪，开始慌不择言地解释……

多多继续拿捉迷藏游戏诱惑贝儿，贝儿仍然不为所动，并且说道：“多多姐姐，今天晚上我想把这只狗狗带回家。”

多多立刻紧张地站了起来。小孩子喜欢一样东西就想据为己有，与别人分享自己特别珍爱的东西的观念也远未形成，所以孩子们在一起玩耍时，总是会有各种各样的矛盾产生。但是，他们又会因为天真善良忘性大，很快就和好如初。

贝儿想带狗狗回家，多多不愿意贝儿带狗狗回家，于是去找爸爸商量。多多的顾虑直接而真实，她一是担心乖乖不和自己亲近了，二是担心贝

儿照顾不好狗狗。黄磊爸爸拒绝帮多多解决这个问题，因为更希望孩子自己能去解决孩子之间的问题，而实际上，这也确实是只有孩子能解决的问题。

贝儿先后找到黄磊、村长，询问是否可以把狗狗带回家。大家都鼓励贝儿和多多协商解决狗狗今晚的住宿问题，但贝儿还在做最后的努力，她去问爸爸。爸爸陆毅说："这是多多姐姐的狗，所以你要征得多多姐姐的同意。"并没有得到多多授权的贝儿，依然紧紧抱着小狗不放手，陆毅没有开口说什么，他只是有样学样，一样紧紧的抱着贝儿让她喘不过气来，直到挣脱不掉的贝儿想哭为止。然后，爸爸告诉贝儿，其实小狗乖乖此刻的感受和她一样，聪慧的贝儿立刻就明白了，爱不是占有。乖乖整天被她抱着也可能不舒服，也许它也想离开。如果她一直不放手，那就会像爸爸刚才做的一样令人感到不适。于是她放开了乖乖。

这个时候，乖乖突然拉肚子了，新的矛盾一下子解决了原来的矛盾，贝儿和多多不再纠结于小狗的去留，而是开始担心起狗狗的病情。多多紧张万分，黄磊安慰多多，让狗狗多休息会儿就好了。陆毅则严厉地责

备了贝儿。

众人忙乱地打通了兽医的电话，随后焦急地等待医生的到来。多多的焦虑不安挂在脸上，她把狗狗带到一个安静的角落，一分一秒地数着时间。Joe 默默坐在多多的身边，此时，陪伴就是最好的安慰。贝儿也意识到了自己的固执和错误，不再吵着带狗狗回家。

兽医终于在晚饭开始之前来了，经诊断，乖乖没事儿了，Joe 欢快地向多多报告了这一好消息，多多终于可以放心吃饭了。

晚饭的时候，大方善良的贝儿主动找多多和解："多多姐姐，我陪你吃饭。"于是，两个好姐妹又重归于好啦！

【家庭亲子宝典——孩子，爱不是霸道占有】

陆毅的做法是如此的聪明而有效，没有讲大道理，也不是严厉的斥责，没有任何不愉快，而是用简单的方法让孩子感同身受。培养孩子的同理心，比"说"更为重要的是他们的亲身感受。

年龄比较小（一岁左右）的孩子不愿意和别人分享他的东西，是符合他们年龄段的正常行为表现。随着他们心理年龄的成熟，才会慢慢学着把东西分享给别的小朋友。而稍大一些的孩子占有欲强和儿童的活动方式、自我意识发展的水平有密切关系。

一岁前的孩子大多是个体活动，虽然偶然有机会和其他孩子相处，也会发生不打招呼直接拿走伙伴东西的事情发生，但一般矛盾不会激化。孩子可能玩不了两下就会把手里的东西扔掉，但如果孩子的奶瓶被抢走他则不会答应。所以此时孩子关注的主要是关系他“生存”的。三岁以后或者更大的孩子，自我意识已经有一定发展，既能意识到自我，也能明白“我的”、“你的”、“他的”之概念，独占欲望不会那么强。

占有欲是人类一种正常心理，是孩子心中“以自我为中心”的意识表现，往往只知有“我”，而不知有“他”，这是与成人“自私自利”思想的本质区别。因此，当父母遇到孩子独占、抢夺他人东西时，不必过于担忧或者责骂孩子，而应该像陆毅那样给予正确的教育引导。通过父母正确的教导，孩子“以自我为中心”的意识逐渐淡薄，这种强占欲望会逐渐减少或消失。但也不能忽视孩子的这种心理，太强的占有欲不仅带给他人的只是尴尬、不快，甚至是冲突。而且长此以往，强“占有”的宝宝如果没得到合适的制止和引导，长大后很可能还会遭受更多的冷遇和挫折，严重的可能还会对其心理造成不良的影响。

当孩子成为“小霸王”时，父母不妨先分析一下产生孩子独占心强的原因。常见的因素有：1、宝宝平时集三千宠爱于一身，家里的大人都是围着他转，平时没有机会和同龄人相处分享，一旦出现和同龄人相处的场合，孩子不懂分享或是尊重别人。2、父母平常和孩子相处时间比较少，基于补偿心理，对孩子的所有要求来者不拒，长此以往孩子对他所喜欢的东西，会不问出处占为己有。3、

处于反抗期的孩子喜欢随心所欲，或是心理叛逆，独占意识非常强。

了解到原因后，父母在引导孩子时，可以讲究一定的策略，更有针对性。和同龄人相处少还没有懂得分享快乐的，可以多让孩子参加团体活动，体会集体游戏的快乐；过度满足孩子物欲的，可以选择性满足孩子需要，只买最有需要的；对于反抗期的孩子可以适度转移其注意力。与此同时，家长也要注意自身言行，给孩子起良好楷模作用。

也别忘记，四五岁的孩子其实还是很难摆脱自我中心，更多只是从自己的角度去考虑物品的所有权问题，还不能全面地看待归属，请帮助宝宝逐渐完善“物品归属和所有权”概念。当孩子玩小伙伴的玩具时，家长可以强调一下：“这个乐高是小哥哥的，你只能玩不能带走，到时候要还给哥哥，你自己也有别的乐高在家里呢！”通过这些强调了“你的”、“他的”话可以让孩子尽快建立物品所有权的观念。

但是，孩子要建立全面的“所有权”概念还得有个过程，他们还不能立马适应物品为他人所有的不愉悦感。在要求孩子把玩具还给别人时，

不要强求孩子，先给他足够的时间玩自己的玩具，让他感到归还是在自己主观意愿下发生的，同时也别忘了表扬孩子的进步举动啊。

请多和孩子沟通，增加他对别人的信任，让他知道东西到了别人手里还是老样子。如果是家里也有的东西，孩子硬要别人的物品，也不要强硬责骂孩子，可以让孩子拿上别人的物品，和家里的比较，意识到其中并未太大差异。需要指出的是，父母对孩子的欲望不要压制，要疏导，压制有可能让孩子产生逆反心理更想得到。因此，可以温和地提点孩子，他曾经玩过或者吃过这样东西，有助于孩子慢慢降低独占的欲望。还可以试着让孩子把自己的物品和他人交换，这样既可以满足孩子的好奇心，还可以防止孩子的独霸意识产生。如果确实是家里没有的东西，孩子又产生了特别的兴趣，如果家里经济条件允许，可以考虑答应并且最后做到为孩子买一个；如果经济条件不允许，那请尽量转移孩子的注意力。家长可以试着多和孩子讲述如果不独占、懂分享，他就可以和伙伴们交换食物、玩具，还能收获到更多的友谊。

一个能够做到开开心心和伙伴分享，不独霸的孩子，他心里的想法一定是："这虽然是我的玩具，但给小朋友玩一会儿也没问题。我还可以交换到更好玩的玩具，而且最后，玩具还能再次回到我手里。"只有当孩子内心充满了安全感，对未来状况充满信心时，才完全不担心会失去，才会有勇气谦让。

要让占有欲强的孩子们明白：世界很广阔，自己可以拥有更多好玩的东西，而不只是执著于这一件。当孩子慢慢懂得分享时，有意识让孩子体会和小朋友合作的乐趣。比如，一起打扮布娃娃、搭积木，愉快的玩耍经验能让孩子更好体会到"共赢"。家长在引导时要将理解和关注孩子的内心感受放在第一位，可以学习陆毅的做法，那就是让孩子在内心感受得到充分尊重和理解后，再进一步培养孩子对他人的同理心，用换位思考的方式让孩子明白：在达到自己意愿的时候，要考虑别人的感受。

【父母课堂小贴士】

1、孩子占有欲很强，家长要教育孩子变得气度大一点儿：多与同龄

小朋友接触。鼓励孩子多与邻居或亲戚的孩子玩，可增进他与别人分享的经验；可让孩子邀请一些小朋友到家中玩，让他当小主人招待他的朋友，使他觉得别人在分享他的快乐。

2、让孩子多参加集体活动。带孩子到公共场合，让孩子体会集体游戏、共同使用东西的乐趣。

3、有的孩子自我意识发展比较晚，四五岁还没有建立物品归属的概念，所以看到喜欢的东西就想据为己有。父母就要在生活中耐心地引导孩子，帮孩子建立物品归属的概念。比如，带着孩子一块分碗筷，告诉他"这是妈妈的，那是爸爸的，最小的是宝宝的。"而对于那些从小由于纵容、娇宠，年纪很大了还是强要、强抢的孩子，父母就要特别注意了。在制止孩子不当行为的同时，还要以身示范。即使在家里，我们也要尊重每一样物品的主人，无论拿谁的东西（包括孩子），都要征得主人的同意。慢慢孩子就能了解最基本的原理了。

第三课：为孩子的语言发展保驾护航

要问今季《爸爸去哪儿》给粉丝留下深刻印象的有哪些镜头，相信贝儿的“唠叨”一定榜上有名。甜甜的声音、清晰的吐字、时不时带了点感情的感叹都让人不禁莞尔。一声又一声的“哦，Feynman”也和节目主题曲一样成为《爸爸去哪儿》的标志之一。爱笑的贝儿那么爱说话，而且说起来还一套一套，不是简单跟风重复别人的话，也不全是天马行空的胡言乱语，贝儿的话既有浓浓的童趣，又是小脑瓜灵机一现的真知灼见，让一众粉丝愈加喜欢这个明朗的小丫头。

【节目情景再现】

独立思考金句篇

1、重庆武隆天坑村，晚上酒足饭饱后，爸爸和孩子们各自回家。睡觉前，贝儿躺在床上，看着屋子里的监控器，忽闪着大眼睛问爸爸：“他们怎么整天都在拍我啊？”陆

毅耐心地解释："因为要把你的好记下来，要把你的坏也记下来，然后你就知道自己什么地方不好，要改正，对不对呀？他们也在拍爸爸，要爸爸好的坏的都拍下来。对你好的，爸爸就记住，对你不好的，爸爸就改正，好不好？"

2、武隆的"坑爹"天坑泥坑足球赛上，爸爸和孩子们一个个都变成了泥娃娃，喜欢漂亮的小贝儿也在爸爸的号召下跳进泥地里玩了个高兴。足球赛后贝儿很文艺范儿的和爸爸陆毅说，"我就想多走一下，感受泥土的软。"

3、新叶古村里，前进的路上，贝儿仿佛"十万个为什么"一般，问着各种奇怪的问题，小嘴就没有停下来过："为什么人干了就会变成僵尸？为什么他们看见我就跑？"陆毅爸爸也不知道该如何回答这些古灵精怪的问题，最后只能和贝儿开起了玩笑。

感恩篇

在都江堰的丛林探险时，宝贝们和被推选出来的爸爸曹格一起去树屋里过夜。因为要离开自己的爸爸，尝试更独立尝试更勇敢。平时最爱笑的小贝儿也留下伤心的泪水，甚至在推选爸爸的环节，搂住爸爸嚎啕大哭。细心的曹格叔叔看在眼里，记在了心上，适时给予了她安抚，还发动大家一起做游戏开展枕头大战，让小朋友们开心地大笑大闹，忘记了自己上一刻还在思念爸爸。翌日，离开树屋重返爸爸怀抱的贝儿没有忘记曹格的关心，她甜甜地对曹叔叔感激道：“我也爱你。”这让曹格大为感动，直呼太温暖，因为这是他“第一次试着被自己孩子以外的孩子，说爱我，真的很感动。”

哦，Feynman 篇

还是在都江堰的丛林探险里，六个宝贝将分成三组在没有爸爸的陪伴下自己去把藏在山中的三箱宝藏找回来。村长为小伙伴们分了组，多多和 Joe 一组，Feynman 和贝儿一组，杨阳洋和 Grace 一组。

山高路远，丛林里泥泞不堪。但乐观的贝儿和执着的 Feynman 似乎丝毫不担心自己能否完成任务，一门心思想着快快找到宝藏，而此刻贝儿完全进入了话唠状态，开启了本季《爸爸去哪儿》最经典的唐僧念经和悟空听经的模式。

“Feynman 小心，你不要走这么窄的路了。”

“哎呦，不能跳的，Feynman，一跳你的雨鞋太大了就会掉。”

“手不用扶的，Feynman，你好像比我小，因为你手用扶。”

“哦，Feynman，哦 Feynman”进入碎碎念的贝儿无比强大，晃晃悠悠的 Feynman 完全零乱了，不过，幸运的是，两人很快找到了有着小狗和零食的宝藏。

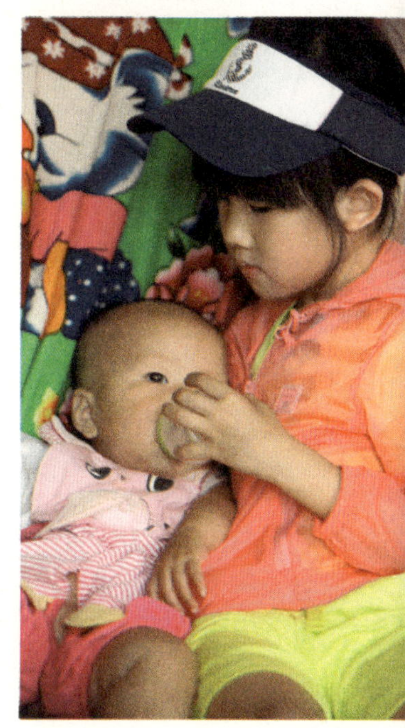

生意头脑篇

在内蒙古站，萌娃和爸爸们接到一个新任务，那便是要到位于海拉尔市区的集市里帮摊贩卖东西。他们必须帮助不同的店主，用劳动换取食材。能不能吃上丰盛的午餐，就得看老爸和孩子们的推销能力了。

陆毅和贝儿驻扎在菜市场里的猪肉摊，戴着口罩，系着围裙，化身“猪肉男”的陆毅还真是那么回事。可是，面对对面摊位雄壮威武上下翻飞的大砍刀，陆爸爸的“猪肉刀”怎么哆哆嗦嗦的呢？

等了半天没人光顾，陆爸只好开始“羞涩”地叫卖。效果不错，很快就来了一位顾客，不过却是来观光贝儿的，纯参观，不买肉。“大哥，买点肉吗？”“大爷，炖汤喝，身体好。”陆爸使用了各种绝招，可是为什么还是“门前依稀无人问”呢？

“谁来买肉，谁来买肉呀！”见无人搭理，机灵的小贝儿有些着急了，决定亲自出马，拿起一块肉，甩，甩，甩，展示给别人看，并且毫不羞涩地大声叫卖起来。

果然有效果，很快就来了顾客，首单生意顺利成交。开心的贝儿更加动力十足地叫卖，高达 80 分贝的清稚童音吸引了顾客和影迷接踵而来，生意红火起来。

听到影迷说喜欢爸爸后，酸溜溜的贝儿赶紧求证："那不喜欢我啦？"影迷说:"喜欢你,天天都在看你呢。""不行,我紧张了。"听到粉丝的表白，小贝儿都不好意思，躲在爸爸身后藏了起来。好一个伶俐的小丫头。

【家庭亲子宝典——利用孩子的语言敏感期，发展语言能力】

你或许不知道，即使还在襁褓中的宝宝不会说话，但是他们每天都很认真地聆听大人说话的内容，无形之中，在还没有正式开口说话之前，他们就已经积累了相当惊人的语言能力。科学家甚至发现，宝宝脑中似乎已经预存了一种语言程式，只要大人给予大量的刺激，他们的潜能就有可能被激发出来。

有专家指出，宝宝的语言发育和宝宝的听力、智力和发声器官的发育有很密切的关系，这其中一部分受遗传因素影响。很多宝宝都会出现说话晚的现象，这时候爸爸妈妈要保证为宝宝提供充足的营养，给孩子良好的语言环境，让孩子慢慢锻炼说话。

孩子从出生到自如表达自己的想法，一般需要 3–4 年的时间，而语言发育的黄金时期是 2–4 岁。专家认为，9 个月到 24 个月是理解语言的关键期，2 岁到 4 岁是表达语言的发育关键期。此时学习语言效果最佳，而且获得的语言习惯最容易长期保持下去。

语言并非与生俱来，孩子的每一个语言发展阶段与其发声器官、神经系统、生活经验与表达动机都有密切关系，虽然每个宝宝语言发展的过程不尽相同，但一般都会随着发展阶段成长。所谓关键期，指的是孩子发展最快速的时期，在关键期，孩子对外界的刺激特别敏感，容易接收外界的资讯，如果照顾者能适时给予大量刺激，加上孩子本身的潜能，孩子各方面的能力将会飞快地进步。

不同年龄段的孩子对语言的需求不尽相同，但给孩子一个良好的语言环境却是必需的。爸爸妈妈和家庭成员是宝宝学习语言的最好老师，多鼓励宝宝开口说话，并且在家庭中营造很好的语言交流的环境，让宝宝能够得到充足的语言信息，并储存在小脑袋里，一旦他们能够开口说话，这些信息将作为软件源源不断给孩子以支持。还要尽可能给孩子营造安定、宁静的语言环境，远离喧闹嘈杂和电子产品噪音。把电视的音量和背景杂音调到最低，来营造祥和的环境。孩子最常听到的声音应该是爸爸妈妈喉咙里发出的温柔说话声。

要满足孩子特别想说话的欲望，要听他说些什么，想表达什么。给适龄的孩子读他能听懂的故事，多向他输入正向的语言。让他有更多机会接触正确的语法，并可以让孩子复述故事，让他学着组织自己的话语，并且能更精确地表达自己的心意。

很多家长都会遇到类似的问题，疲惫的家长忙碌一天回到家里，等待父母的孩子兴奋地和家长叽叽喳喳说个不停。工作压力过大十分疲劳

的家长便希望孩子能少说点，甚至闭上嘴让大家处于一个安安静静的环境。要知道孩子已经等了你一天，迫不及待想敞开心扉表达给你听。请尽可能耐心和他分享一下今天的收获，也听他说说他是怎么度过这一天的，要善加利用孩子语言发展的关键期，让孩子有机会得到更多的正确词汇，发展语言表达能力。对于工作过于繁忙实在太辛苦的家长，爸爸妈妈可以商量采取轮流“值班”制。人在疲劳时耐心下降，陪伴的质量也不会高，保持一方比较好的状态，让孩子获得更高效的陪伴以及更有质量的语言环境。

要对孩子的沟通意愿进行回应。你的回应可以帮助孩子更加快速地从使用手势过渡到使用词汇表达。要让他看到他的努力取得了成果。当你聆听孩子并进行回应时，你是在告诉他：“你的话很重要。”你和孩子建立的这种关系会让他更想要说话，更乐于说话。

在和孩子对话时，要使用正确的词汇，不仅是常用语，还有特定的词汇，比如浴帘、压蒜器……等。命名家中所有房间内有关的物品：厨房、浴室、卧室中各种物品的名称。

尽管也活泼好动，但贝儿的语言智能更为突出，明显超出了动觉智能。对比起来，骨子里流淌着奥林匹克精神，拥有很强执行力的杨阳洋则是动觉智能优于语言智能的代表。所以，对于望子成龙成凤的家长来说，孩子得到适龄的发展就好，并不用每一项都那么突出优越。

【父母课堂贴士】

1、对比较小的孩子来说，当他发出“咿呀”的声音时对他进行回应，就好像在和他对话。如果他对你做出回应，这就是他在沟通上做出的最初尝试。

2、大一点，约莫 2 到 3 岁的幼儿已经能够说简单的句子，会使用代词你、我、他，喜欢对周围感兴趣的事物提问，爱问“为什么”，所以又称“好问期”。家长在这个时期中引导孩子用清晰的话语、完整的句子表达自己的意愿。也许孩子在这个时期里不能一下子准确的表达，即便你

已经知道幼儿的意思，也要让他说完，千万不要剥夺孩子说话的机会。

3、对于更大一点的孩子，家长要注意继续丰富孩子的词汇量，多阅读、多看多听少儿节目，与孩子一起看幼儿图书，边看边引导幼儿复述故事，还可以和幼儿一起续编没有看完的故事情节，激发幼儿的想象力。鼓励幼儿把自己的想法用语言表达出来。

4、不要重复孩子的错误发音或者将这些错误当作全家的笑料。比如，当孩子说："大意利面"时，要用正确的语言回应他："我们吃意大利面。"通过使用正确的词来重复短语或持续交谈，你可以帮助他逐渐吸收正确的词及其用法。

5、像陆毅那样花时间聆听，即使你听不懂他正在说什么，不要打断也不要提示，而是给予他时间把话说完，你表现出来的兴趣会鼓励他继续沟通。

第四章

杨威家庭篇

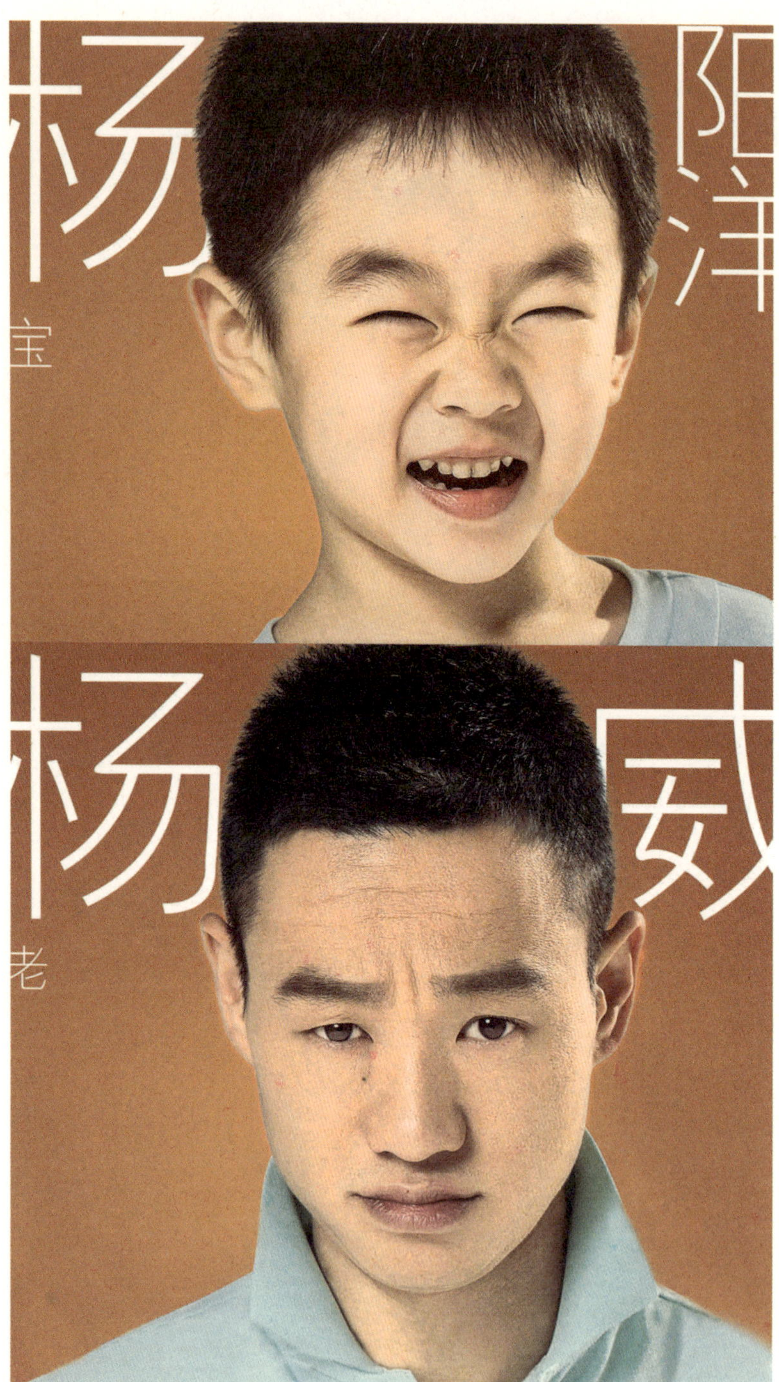
杨
阳洋
宝
杨
威
老

萌爸杨威：和儿子一起萌萌哒释放小宇宙

曾经有采访过杨威的记者表示，杨威守时而严谨，思路缜密却毫不做作，逻辑思维能力非常突出，待人诚恳，待己严格。不管是之前体操项目上，乃至最近的硕士论文撰写，都透着一股认真的劲头。回答问题还总是乐呵呵的。难怪薯条爸爸曹格会这样评价杨威：他很聪明，很有想法，而且脾气绝对是几个爸爸中最好的。相信这些性格特征都深深影响了杨阳洋。

6个孩子杨阳洋的年纪偏小，仅仅比Grace大一点儿。然而，纵观本季的《爸爸去哪儿》，他却时不时就展现出超越年龄的成熟度。孝顺懂事、责任心强、充满积极的竞争意识，尽管也低气压地默默练习欢迎辞迎接

吴氏父子，但却又是个坚强的小男子汉，即使找不到回家的路了，也坚持给自己加油，让眼泪没有夺眶而出。

杨威对杨阳洋的影响是润物细无声式全方位渗透的。出生奥运冠军家庭，不服输的倔强性格是杨阳洋与冠军爸爸一脉相承流淌在血液里的人生信条。不服输的劲头折射在学龄前小朋友身上便是不轻易哭的性子。不轻易哭可以解读为大多数家长理解的“懂事”，也能解读为运动世家的耳濡目染，但同时也可以解读为杨阳洋成长的环境是存在一定压力的，这种压力让他有着极强的自控性。

杨阳洋无疑是6个小朋友中自控性非常好的一个。他控制自己情绪做自己不喜欢做的事情，也控制自己情绪练习自己不擅长的事情，这对许多成年人来说也未必容易。因为，在诸多有关“管理”的命题中，情绪的管理应该是最难得。这种自控的来源可能是因为很小的时候就开始的体操训练，而他的教练就是杨威夫妻本人。学会自控的同时，杨阳洋的内心往往无法释放出压力。即使跑不到第一名也不作弊绕小路的杨威，

让杨阳洋从小就保持对规则的尊重、对自我的高标准严要求。天坑篇，走山路时，爸爸提议休息，杨阳洋却坚持称自己“没事儿，我站着”。这样个性的孩子，在面对困难时，尽管有勇气并能积极自我激励，可是一旦面对自己完全不能掌控的局面，情绪可能会失控。这种类型孩子的父母在适当时候可以考虑给孩子减减压，多多引导放松过度紧绷的神经，享受每一个成长的过程就好。所以当小狗比赛上，杨阳洋的小狗跑了最末一名时，爸爸杨威立刻前来疏导，及时干预杨阳洋的坏情绪，最终杨小朋友回归了比赛，还明白了全力以赴与淡然处之的道理。

还有一个很有意思的画面是：慢热内敛的杨阳洋在吴氏父子来串门时，可爱地躲在一边一遍一遍背诵台词。他需要一点时间思考再做决定。一旦下了决心，请别担心他是否会全情投入。

天坑足球赛上，杨阳洋也和姐姐 Grace 一起作壁上观很久才加入了比赛，还比得很投入。而这里杨威的做法也值得可圈可点。当孩子没有达到父母预想的效率时，他不会催促孩子做出下一步，而是给予他充分时

间思考，并做出自己的反应。他做得仅仅只是关注杨阳洋。有意思的是，杨威夫妻还时不时在杨阳洋面前示弱，让他在父母面前，是一个强势的孩子，能够和爸爸共同面对问题。所以，连村长也点评说杨威非常了解杨阳洋的所思所想，对他有很好的把控，知道什么时候说什么。

正因为爸爸杨威对自己的孩子有充分的认识和把握。所以在杨阳洋迷路时会最及时的出现；也会给他充沛的时间去观察、做决定，让他做好准备再去做每一件他认为有意义的事情。虽然对杨阳洋有着很高的期望，但杨威绝不是纯压力型的爸爸，杨阳洋的压力更多来自家庭长期的耳濡目染和内心对自己的要求，而杨威倒相对热衷于帮助杨阳洋释放掉这种压力。

离开自己的爸爸，在树屋的一晚，杨阳洋表现得独立又有点小执拗。他渴望融入大家的团队，却彷徨不前不能主动加入大集体，直到曹格带领 Joe 和 Feynman 小哥俩一起来邀请。像杨阳洋这样自信心相对比较低的孩子，对自己能力把握度也低，家长要给予尽可能多的鼓励，给他必要的协助，直到他走出去。

杨阳洋的那一段“等我长大了”的对话，萌化了一众网友，他说：“我很快就长大了，长大了我就背着你走，你要是摔倒了，我也可以把你扶起来，要是你饿了，我也可以给你煮面吃。”这个带着一股子男儿有泪不轻弹气质的小少年，内心戏是如此有料。这大概源于杨威和杨云经常平等地和他对话，让他从小就有责任感。更值得一提的是，他愿意和大自然对话，这是一种感知自然的学习！成年人看到的是风景，孩子却能根据他所感受到的深刻印象，建构起内心深处的自我！

第一课：重在参与，全力以赴

在独生子女的家庭环境里，孩子是联系一个家的纽带。一方面，父母心疼自己的亲骨肉；另一方面，过惯了苦日子父辈们总是最大限度的去满足孩子们。积攒了来自爷爷奶奶、外公外婆与父母的万千宠爱，孩子自然而然也成为呼风唤雨“小霸王”和“小公主”。在这种成长环境中，孩子好胜心强，害怕竞争、更害怕失败，他们希望成为中心，不愿意属于自己的东西被分享。

总是表现出超越自己年龄段成熟度的杨阳洋愿意为大家服务奉献、愿意把自己喜欢的东西让给别人，也愿意与同伴分享自己的心爱之物；但若失自己或爸爸输掉了比赛，有着冠军爸爸的好胜心强的杨阳洋就会

难以接受。不过随着节目的愈发深入以及父亲杨威的教导，再面对比赛和失败的“小暖男”杨阳洋浑身散发出小男子汉的正能量。

【节目情景再现】

爸爸是奥运冠军，这是杨阳洋的荣誉，也是杨阳洋的压力。在父亲的光环下成长，是杨阳洋在成长的过程里需要面对的问题。好胜心强的杨阳洋该如何面对失败，是“羊爸”杨威教给杨阳洋的人生课题，也是这对父子教予我们所有人的人生课题。

长辈安抚篇

大雨过后的都江堰充满泥土的香味。森林里传来了六个孩子的笑声，他们正在和自己的爸爸展开一场冒险。

下午的活动是小动物赛跑。小宝贝们首先需要到山里找一个小动物

伙伴，然后带到场地完成比赛。

“当然是我了。”坚定“拿第一”的比赛小王子杨阳洋信心十足。有着冠军爸爸和铜牌妈妈做榜样，杨阳洋有着天生的比赛基因，他快速超过Feynman，到了队伍最前面。

杨阳洋碎碎念着喜欢黑色，找到小狗后，稍大的宝贝们都挑选好自己的小狗纷纷离去。杨阳洋刚拿到心仪的小黑狗，同样想要黑色小狗的Grace见自己心爱的小狗被拿走后显得有点儿不知所措，单纯的Grace求起了小哥哥杨阳洋：“拜托把黑色给我好不好！”片刻犹豫后，杨阳洋就把最后一只小黑狗让给了她。自己选了一只体型最小的黄白双色的花狗。

村长裁判一声令下，比赛开始，多多顺利拿下第一名，4号赛道的Joe也拿下第二名。同伴们接连到达，这让6号赛道的杨阳洋却处于崩溃状态。

“以后我不想在这里玩啦，不喜欢这个狗啦！”看着一路吃得很欢的小狗狗，现在却坐在地上不走，任凭他又推又喂狗粮，都不起作用，杨阳洋急得嚎啕大哭。

杨爸爸连忙上前给了儿子一个很温暖的拥抱。“小狗狗害怕了，它在发抖就不会走了，你害怕的时候你也不会走，是不是？给它挠挠痒痒，让它身上舒服一点，它就不害怕了。”“羊爸”杨威非常了解儿子怕输的个性，让他放下心理压力，跟小狗培养感情。

小男子汉不哭了，按照爸爸的指导，他温柔地抚摸小狗，并给小狗狗鼓掌，决定重新出发。小狗狗果然开始神奇地移动步子了。

“它现在不抖了，对不对，它就会继续往前走了，对吧？”得到爸爸的鼓励，杨阳洋全神贯注做得很认真，在前面“啜啜啜”地引导着小狗，终于，他的小花跃过一个个障碍，到达了终点。所有的小朋友都完成了比赛，村长告诉大家：“不一定每一次比赛都拿第一，最重要的是我们要知道爱护小动物，爱护大自然，也要自己多爱运动，好不好？”

“好！”小杨阳洋回答得非常坚定。

在爸爸的教育下，杨阳洋也逐渐明白，不是所有比赛都要分出输赢，过程中收获的才更加重要。

玩伴引导篇

内蒙古大草原美的如同塞外天堂，爸爸和孩子们时刻被牧民们的热情感染着。

一会儿宝贝们都聚在了一起，决定玩蹲萝

卜的游戏。

“绿萝卜蹲，绿萝卜蹲，绿萝卜蹲完，紫萝卜蹲。”穿绿色衣服的天天是绿萝卜。他蹲了两下，立刻轮到紫萝卜了。

穿紫色衣服的多多连忙接下：“紫萝卜蹲，紫萝卜蹲，紫萝卜蹲完，蓝萝卜蹲。”

穿蓝衣的Feynman连忙开蹲，黄萝卜的Joe顺利接下，将棒传给灰萝卜的石头。石头大哥非常稳健，蹲了两蹲，就传棒给了绿萝卜。天天又传棒给粉萝卜，穿粉色衣服的贝儿声音清脆：“粉萝卜蹲，粉萝卜蹲，粉萝卜蹲完，阳洋蹲。”可杨阳洋穿着黑衣服，应该是黑萝卜啊。贝儿淘汰出局。

第二局由石头接棒，天天接上，不停地“绿萝卜蹲”，蹲了个无限循环，突然转到“紫萝卜蹲”。幸好多多反应灵敏，马上接上，并传给了黑罗卜。杨阳洋越玩越开心，大跳起来，每一蹲都蹦得老高，

“黑萝卜蹲完，灰萝卜蹲。”石头又传给天天，看来石头脑袋里只有绿萝卜啊。天天接了棒，很快点了蓝萝卜的名。

咦，发生什么事了？蓝萝卜的 Feynman 正在发懵，一脸迷惘，没有接上，淘汰出局。

第三局，Joe 又开了小差，走神了，淘汰出局。

到第四局的时候，杨阳洋已经忘情地跳起了踢踏舞了，以致于当多多把黑萝卜传给他的时候，迟疑的杨阳洋慢了半拍。

“出局啦。”石头和天天坚持游戏规则，让杨阳洋出局。可是好胜的杨阳洋从来不轻易承认失败的，着急地说：“没有。”

“你刚才迟疑了一下，对吧？”天天做出客观分析，坚决地把杨阳洋踢出局外。

“不玩了，我不跟你们玩了。”心气不顺的杨阳洋闹起了小情绪，低气压再度袭来。

“乖啊！乖！我陪你一起去找爸爸吧。”温柔的大姐姐多多连忙过来安慰伤心的小阳洋，并叫上小闺蜜贝儿陪杨阳洋一起回去。“杨阳洋怎么啦？”由于淘汰出局安静坐在草垛上的贝儿也过来关心。

两个好姐妹一起安慰杨阳洋，并很快带着他一起玩起了爬草垛的游戏。杨阳洋起初是抗拒，在小伙伴陪伴下，杨阳洋的心情渐渐好起来。这时，感到愧疚的天天过来跟杨阳洋道歉，两个小伙伴一起握手，又和好如初了。雨过初晴，有着天天哥哥和多多姐姐一起玩，空气中都是幸福的味道。

【家庭亲子宝典：每一次学习都是积累】

有好胜之心是没有错的，正如我们看到的，杨阳洋把自己的冠军父亲杨威奉为人生的榜样，也希望赢得自己人生的大大小小的每场胜利。但在父亲的光环下成长，小杨阳洋又面临着诸多的压力，如何正确地化解这些压力，将比赛过程的精彩展现给杨阳洋，是杨威在《爸爸去哪儿》中努力教给杨阳洋的。

这个世界并不完美，是杨威每天都在教给杨阳洋的。他用自己的失败去告诉孩子，失败是人生中不可避免的课题；他们向杨阳洋证明，作为父亲的自己也是不完美的。

同时，父亲杨威坦然接受失败的态度，也让杨阳洋发现，失败并不是那么可怕和无法面对。接受失败会让自己成长，会让自己更加强大。

其实，在失败面前，身为成年人的我们也未必能轻松面对，何况还是我们的孩子。我们也要经过心理上的各种挣扎和自我开脱，才能够直面失败。那么作为幼小的孩子，心灵脆弱也是不可避免的。只是我们需要教会孩子从容面对失败，不要被它打败，既能在心里上战胜它又能在失败面前总结经验继续前进，就需要父母的智慧了。

认真分析孩子不能接受失败的原因，可能是因为自信心受到打击。我们日复一日帮助幼小的孩子建立起来的自信心，在面对失败的这一刻受到了严重的挫败。如今的孩子大多聪慧敏感，因为敏感心理承受能力就相应弱了，在失败面前就很容易自我否定，来摧毁对自己的信心。失败的结果还会让孩子自尊心受到伤害。谁都有小小的自尊心，孩子也不例外，在面对失败时，自尊心难免会受到伤害，此时怎么能够不情绪激动呢？此外，孩子还害怕因为失败受到成人的责备。孩子比我们成年人更喜欢赞美，更需要赞美，当失败和挫折就这样骤然来临，心里总是不可

避免的有些惊慌失措，害怕别人的批评。了解了这些原因，对家长来说，就要尽量避免上述因素的干扰。比如，多营造乐观的家庭氛围，培养孩子坚强的意志品质，在适当的时候对孩子的成就给予相应的赞美。

都江堰的比赛里，杨威通过转移注意力的方法让杨阳洋注意到小狗的可爱之处，以此告诉杨阳洋，其实我们在寻找人生每个终点的过程里，沿路有太多美好的风景，欣赏这些风景也会让孩子们的世界更加丰富多彩，同时也转移了杨阳洋对比赛结果过度重视的注意力。

不管孩子在成长过程中遇到的是暂时的失败还是逆境，都是再正常不过的事情。我们要告诉孩子，对过程要尽最大努力，对结果要坦然接受，重要的是参与其中，每一次学习都是积累。我们享受的是过程本身。家长要帮助孩子建立正确的价值观，放下太想赢的执念，杜绝一旦输了就歇斯底里的紧张情绪，努力过就好。如果从小就给孩子过大的压力，长此以往孩子将来有可能为了结果而不顾一切。

英国著名文豪狄更斯曾说过：“一种健全的性格比一百种智慧都更具力量。”所以杨威也花费很多时间去教育孩子，引导着杨阳洋完成了最后的比赛。虽然结果已经注定，但是认真做好每件事情，是杨威在多年的体操生涯里学到的，他把这些人生最宝贵的经验通过言传身教传达给孩子。

最后，分散孩子的好胜心并不意味着让孩子远离比赛，或者完全不重视比赛。恰恰相反，就如同在奥运赛场中每场比赛中都要全力以赴一样，杨威也要求杨阳洋要做到如此。让孩子逃离比赛或者在比赛的过程里敷衍了事短期里会让孩子失去学习的信心，长期过程里也会让孩子们失去比赛的勇气，长大后更影响孩子们在社会中的竞争力，这是杨威刻意去避免的。

俗话说："失败乃成功之母。"没有失败，没有从失败中总结经验和教训，也就没有成功的到来。但是，今天的父母还应该正确、客观地教育孩子，那就是："失败未必是成功之母。"失败就是失败，如果孩子在失败后很随意地摇摇头、耸耸肩，只对失败抱一种无所谓的态度，那么他的前面很可能还是失败。所以，当孩子遇到困难不能解决或走进死胡同时，父母要与孩子一起共同向困难挑战。父母不仅要鼓励孩子勇敢地面对挑战，还应该提醒孩子"你错了"，并进一步启发孩子"为什么会错"，与孩子一起分析失败的原因，鼓励孩子怎样才能少犯相同的错误。这样，孩子才能一步步找到问题的答案。

因此，家长也要教育孩子，要认

真地参加每一场比赛，认真地做好每一件事情。这是杨威教给杨阳洋的，也是节目交给所有父母的。

【父母课堂小贴士】

1. 如果大人在孩子面前谈论的内容都是有关输赢，会无形中让孩子也过于看重结果。所以在孩子面前父母必须时刻注意自己的言行举止，要在潜移默化中帮助孩子建立价值观，如果父母自己过于在意结果，孩子也一定会受影响；反之，如果父母将结果看得很淡，孩子也不会过于在意。

2. 有些孩子天生看重自己的输赢，有些孩子则天生对此漫不经心，对结果完全不看重的孩子，父母要教育他自己扛起最后的结果，培养孩子的责任心，让他知道做每一件事情都要全力以赴。

3. 与孩子分享父母曾经失败的经历。分享父母失败的经历是让孩子坦然面对失败很重要的一点，让他们明白自己的父母也一样有过失败的经历，重要的是不曾放弃。

第二课：用爱与尊重增加孩子参与社会交往的信心

社会交际沟通技能，这似乎是一个听起来颇成人化的词，但别忘记人是群居动物，任何人都无法离群索居、脱离社会单独生活，融入社会是每一个人都不能逃避的终极命题。每个人每天都需要从他人那里获得信息，以及沟通协调来完成工作，所以培养孩子的人际交往能力是十分必要的。从某种程度上来说，社会关系实际上决定着一个人到底能够发展到什么程度。从这个层面上来说，交往能力也将是孩子受用一生的本领之一。

萌萌哒杨阳洋是一个懂事又内敛的孩子，他不像 Feynman 那样搞怪，也不像贝儿那样特别喜欢说话，因为年纪还小，也暂时无法像多多姐姐那样能够比较坦然地应对陌生的环境、陌生的人。可是小小男子汉对自己的要求并不低，他一样希望能够走出自己的小天地，交到更多的好朋友，生活中我们的孩子也可能遇到和杨阳洋类似的情况，我们来看看小杨同学是如何做的吧。

【节目情景再现】

默念台词篇

大队人马各自回房洗漱，经过短暂的休整之后，任务卡又来了。大家都战战兢兢，好累啊，还有任务啊？

原来，任务是请爸爸们准备孩子最喜欢吃的菜。舌尖上的《爸爸去哪儿》模式正式开启。

武隆天坑地区拥有着极富戏剧性的自然景观，高原、山林、地坑，这种地理跨度有助于多种食物原料的形成和保存。今天的晚饭，爸爸们也因此可以大展身手，选择自己孩子最爱吃的菜了。

吴镇宇却不急着做饭，他想带孩子去串个门儿，和大家熟悉一下，就对儿子说：“Feynman！我们去玉米屋好不好呀？”于是，父子二人欢快地出发了。

二号房前，杨阳洋见到有客人来，内心兴奋不已，但脸上还是故作淡定。小萌孩的羞涩，真的是让看到他的叔叔阿姨们心都化了。远远地看到了来串门的吴氏父子，杨阳洋一遍又一遍地默默背诵着欢迎台词，一边强装淡定，一边却满脸开心地微笑。直到Feynman戴着蜘蛛侠头套登场，从杨阳洋的身边又一次默默走过，完全没有体会到杨阳洋此刻失落的心情。不过，两家很快成功搭伙，晚饭是没有问题了。

采杨梅的小男孩

吃过了美味的糍粑，采杨梅是小朋友们在地笋寨领到的新任务。原来这个村子里有很多留守老人，陆毅父女借住的户主潘玉兰老奶奶，就是一

位七十多岁的留守老人。为了帮助老奶奶，今天爸爸们的任务就是去油坊榨茶籽油，送给老奶奶。

小朋友也不能闲着，当地的杨梅特别出名，小朋友们要到山上去摘杨梅，然后把杨梅拿到集市上去卖，再用换到的钱给老奶奶买礼物，至于买什么礼物，由小朋友们自己决定。

摘杨梅的小朋友分成男生组和女生组，女生组的组长是多多，男生组的组长是Feynman。

走到果园的孩子们，看着杨梅不知道要怎么办好，第一次当领导的Feynman瞬间责任感爆棚，他跟Joe说，只能摘红色的。好心的村民们看到Feynman和Joe人小手短，摘杨梅无比吃力，便主动提供专业的杨梅采摘工具给他们，用上了神器，身高再也不是问题了！可是杨阳洋又有了新的问题，因为只有他没有拿到新武器。总是不愿意主动的杨阳洋黯然神伤，看着Joe和Feynman开开心心地采杨梅，既羡慕小伙伴的新工具，却因为内向不想主动和他们共享，杨阳洋又开始了自己与自己的较劲。他默默地站在一旁给自己打气，孤独地徒手摘杨梅。组长Feynman似乎注意到组员杨阳洋不对劲了，于是赶紧呼叫他，让杨阳洋归队。

没有摘满小篮子的杨阳洋最后鼓起勇气，请求果园中的爷爷帮忙，善良的爷爷爽快地帮杨阳洋摘满了。Joe和Feynman也如法炮制。在村民们帮助下，男生组迅速摘满三篮。

第三课：培养自信与独立精神

神奇的树屋里一阵忙乱，宝宝们脱下雨衣寻找自己睡觉的小床，最后决定，三个同岁男生兄弟睡里屋，曹格爸爸和三个小可爱女生睡外屋，女孩子还是需要爸爸的保护。

孩子们都安顿下来，爸爸们也要离开了。爸爸们都给自己的宝贝打气，鼓励他们要开心，要勇敢。依依惜别，虽然只有一晚，宝贝们还是忍不住哭了，万千不舍，也只有明天再见了。

杨阳洋的表现最让人点赞，看着爸爸离开，他很淡定，从容地脱掉衣服、裤子和鞋袜，默默地钻进被子里睡觉了。虽然没有爸爸的陪伴，小男子汉也能独立，自己照顾自己了。

随着爸爸们的离开，宝贝们陷入了短暂的失落，都有些低气压。

“咱们一起玩枕头大战。”Feynman 的提议打破了僵局，得到了大家的一致支持。很快气氛就变得热烈起来。

里屋羞涩的阳洋，一个人躺在床上仔细听着隔壁的动静，感觉好像很好玩。但杨阳洋不是习惯主动出击的贝儿，有点小纠结，有点小犹豫。Joe 和 Feynman 过来邀请他一起加入，他心里非常想加入小伙伴们的游戏大部队，但却依然有点犹犹豫豫。体贴细心的曹格爸爸发现了杨阳洋迟迟没有过来，也一起过来邀请，这一次杨阳洋没有拒绝大家的盛情。在这个临时的大家庭里，一个爸爸六个萌娃分成两队，曹爸爸和杨阳洋两个对战另外五个。于是枕头大战正式开始。

腼腆的杨阳洋也完全抛开了矜持，兴高采烈地投入大游戏中，嘻嘻哈哈，大家玩得高兴万分。

【家庭亲子宝典——用爱与尊重增加孩子参与社会交往的信心】

有没有想过，我们是从哪一天开始，不害怕和陌生人打交道的；又是从哪一天开始逐渐能够忍受孤独，不会哭着鼻子想妈妈的。孩子们就像当年的我们一样，需要正确引导，并假以时日，逐步培养社会交际能力。美国心理学家卡耐基认为：一个人的成功30%靠才能，还有70%靠的是人际关系。足见社会交际能力重要性。

作为“独生子女们的独生子女”，很大一部分孩子，因为没有同年龄段的兄弟姐妹可以交流，终日在单元楼里对着电脑、电视，缺少了室外活动和社会交往的机会，容易形成“自我中心”的性格特征，这在相当程度上是不利社会交际的，从长远来看也不利于孩子人格的形成。

一个人的个性总是在特定社会环境下，通过与他人相处逐渐定型的。

孩子兴趣的培养、情绪和能力的发展都离不开交往。正是良性的社会交往，才能使孩子在社会中被更多认可，与他人交往沟通过程中，慢慢理解和掌握社会准则、道德规范，形成自己的世界观，学会认识别人和评价自己。更有观点认为，童年交往能力决定了成年后的生存能力。有儿童心理学家说过，预测一个孩子成年后的生存能力，不是看他乖不乖，成绩好不好，最好也唯一的方法是看他能不能和其他孩子合得来。社会在发展，社会交际能力愈发显得重要，怎样让孩子学会如何与人相处，与人交往，培养孩子生存的能力，对父母来说是至关重要的一课。

孩子就要入托了，孩子就要上学了。家长一定担心孩子和同学相处不好，太过于霸道，太过于自我或者太过于孤僻。你看，即使像杨阳洋那样的小暖男，也多次在节目中表露出对主动交际的“心有戚戚焉”，甚至还情绪失控到喊出不想参加节目，有这样的反应都是由于当时环境让他产生极大的心理压力，让他感到不舒服。所以，别忘记，只有处在舒服的环境里，交到真正的朋友，孩子才有可能真正爱上去托儿所（幼儿园）和上学。

营造一个和谐温暖的环境对孩子的交际能力培养也十分重要。树屋住宿的那一晚，腼腆的小男生杨阳洋，一开始并没有加入到大家伙的枕头大战游戏里。仙爸曹格便主动而又热情满满地邀请他一起来。在曹格爸爸和其他小朋友真诚又热力十足的邀请下，“杨立方”也很快加入到游戏中，还玩得特别开心，因为在那样一个和谐的环境下，融入其中是很容易的一件事情。

我们常常能看到杨威默默地关注儿子，不催促，不急躁，只是尽量引导他融入大家。爸爸的保驾护航确保了孩子不会因为不那么自信，就产生拒绝参与社会交往的心理阴影。就如同我们的孩子在融入社会中一样，不可能每个人都喜爱他，请告诉孩子，没关系，放轻松，慢慢来。

小男生杨阳洋在本季节目中曾还有过一个小状况，他不愿意脱鞋进大家休息的房间，还一把扯掉了多多贴的“no shoes”招贴。爸爸杨威对他的行为提出了批评，倔倔的小男生便和爸爸闹起了别扭。午饭时，多多姐姐告诉他，有一句话特别神，那就是“对不起”，说了这句话很多问题都能更好解决。小男生从善如流马上和爸爸和解了。看，多多说得真棒，她教会了杨阳洋沟通中一个至关重要的环节，要善于沟通还要敢于认错。让孩子学会沟通的艺术和沟通的技巧，也是学好良好交际能力的关键。

孩子们也会经常在向爸爸妈妈们看齐。善于关心别人，善于表达善意和感激，善于分享，这将是父母给孩子们最好的关于社会交际的课程。

【父母课堂贴士】

父母请牢记，自信心和独立精神有助于孩子融入社会。

1、营造一个和谐健康的家庭氛围。

在家庭中应创造民主平等、亲切和谐的交往氛围，以父母为中心和以孩子为中心的家庭都是不可取的，家庭成员之间应尽量避免当着孩子的面发生争执，因为这种争执的局面，会使孩子在不知不觉中学到一些负面的交往方式。

2、鼓励孩子多交朋友，并以友善的姿态和人相处。

让孩子能够悦纳别人，从内心深外真正愿意接受别人。只有欣赏对方的长处，交往与合作才会有真正的动力和基础。

3、鼓励孩子多参加集体活动。

孩子从三岁开始，便产生了某种交往的愿望，这是萌芽阶段的交往

心理。随着进入小学，他们便进入了集体，进入了社会，与同龄人交往、沟通的强烈愿望，而集体生活则创造了适应于他们进行交往的最好条件。

4、培养孩子良好的口头表达能力。

良好的口头表达能力是沟通技巧的根本，可以让孩子从和父母沟通开始，有意识训练孩子多用礼貌用语，多表达自己的想法

5、让孩子充满自信，赞赏孩子的点滴进步。

持续不断地鼓励孩子，为他的进步喝彩，坚持不懈，你一定能看到他更大的进步。

6、教孩子学会欣赏别人。

这其实是人际交往的交互原则的一个相对面。每个人在交往中都希望得到对方的支持和认同，孩子们也一样。

第四课：用足够的耐心搭建孩子的自信

如同成人一样，孩子们也会有自己不喜欢甚至是抗拒的事物，也会如同大人一样忽略和违反不喜欢的规则。而孩子在面对内心抗拒、无法承受的事件时，他们觉得无法在这些环节之内自信真实的表达自我，他们想达到规则的要求、父母的期望，但同时又认为自己会失败。对于杨阳洋这样的慢热型低气压选手，父母应当学习杨威的教育方式，给予孩子足够的缓冲时间，也时刻调整对于孩子的期望，并让孩子感受到自己的力量。

杨威说：儿子是慢热型的。如同自己小时候一样，所以他对杨阳洋的内心非常了解。小暖男是个羞涩的孩子，然而经过杨威一段时间教育，在《爸爸去哪儿》的后几集，暖男小杨阳洋看到了心仪的天天、石头和kimi，就毫不犹豫地主动冲上去。

【节目情景再现】

建立自信需要缓冲期

在重庆武隆天坑站，为了向巴西世界杯致敬，村长宣布举行一场泥地足球赛，命名为“天坑杯”。爸爸们和孩子们要一起冲进泥泞不堪的泥潭踢一场泥巴雨足球赛。这时，杨阳洋的低气压状态出现了，好像马上又要哭起来，不愿意参加比赛。励志爸爸吴镇宇鼓励他说：“杨阳洋，让我们把眼泪收藏，往肚子里流。我们赢了，我们有更多玉米，好不好？所以我们一定赢，好不好？”

戴着蜘蛛侠头套的Feynman也走过来，和杨阳洋击掌，为他加油。杨阳洋的低气压状态虽然略微好转，但要让他迅速活跃起来，显然也不符合他的个性，杨阳洋决定继续享受一会儿一个人的时光。两队都换上了队服，随着裁判黄健翔一声哨响，史上最“坑爹”的天坑杯足球赛开始。

已经上岸的Grace正一脸幸福地吃着一支比脸还大的五彩棒棒糖，嘴里念叨着“我想找爸爸”。杨阳洋则安静地思考着。

现场观众看得如醉如痴，队员们你争我夺，尽管跌倒在泥水中，但脸上依旧挂着笑容。陆毅趁着人仰马翻之际，又为白队进了一球。

黄健翔不禁为红队着急：“白队又进一球，3比0了。红队你们行不行呀？”红队队员们垂头丧气，杨威干脆坐到田埂上去了。黄健翔不忘打趣他：“杨威啊，在泥地上，你的跟头也翻不起来了。”裁判哨响，判曹格犯规，正义的乡亲们一齐大喊“点球点球”，必须点球。

罚点球开始，Feynman在泥地里艰难前行，大有要为红队建功立业

的架势。这个时候，坐在一边看热闹的杨阳洋也被感染了，热血沸腾的他不再胆怯，冲向了赛场。跪在旁边休息的杨威一脸惊讶，发生了什么事情？

Feynman 把手里的球放下，准备射门。猛起一脚，哎呀，没进去。再来，用手一扔，球终于进了。不甘寂寞的杨阳洋这时终于赶了上来，来了个三连踢，终于也进一球，2 比 3。裁判自嘲，觉得自己是最糊涂的裁判。小朋友们才不管这些，兴致高涨，彻底把泥地足球变成了泥地橄榄球。最后一球，杨阳洋踢进了对方球门。但小朋友们依旧无所谓，快乐第一，比赛第二。

孩子是有能力和思想的

1、天坑足球比赛结束后午间休息。小家里，辛苦了一天的杨威父子俩正在一边幸福地泡脚，一边跟妈妈通着电话。妈妈听到杨阳洋的声音，立马给足鼓励的能量："妈妈一点都不担心你，妈妈知道你是最棒的。妈妈只担心爸爸，因为妈妈怕爸爸照顾不好你。爸爸如果有搞不定的事情，你要帮助你爸爸，听见没有哦？"

杨阳洋很乖巧地说："听见了。"

爸爸杨威在一旁憨憨的笑，似乎某种阴谋得逞啦。

2、市集任务完成了。孩子们纷纷走向回家的路。

眼看孩子们已经接连顺利找到了家，爸爸们都笑逐颜开，他们检查孩子们的战利品。Feynman和杨阳洋的家在一个方向，节目里第二小的杨阳洋，一直跟着Feynman，他不知道回家的路，也想跟这个大哥哥熟悉起来。Feynman顺利地回到了家中，杨阳洋却在乡间小路找不到回家的路。“孤零零，寻寻觅觅。想念家的味道。”找不到家的方向，杨阳洋害怕迷失在这个陌生的环境里，他开始哽咽:“爸爸呢，我不知道。”

但他没有慌，他还记得自己住在2号房，面对不熟悉的环境，听不懂的语言，杨阳洋一直压抑自己的情绪，一路默默给自己加油鼓气，隐忍地把泪水咽回去。慢慢寻找着自己的家。只是时间越长，小脸上的焦急就越掩盖不住。

值得称道的是杨威对自己的孩子相当了解，望眼欲穿等不来小伙子，老爸杨威坐不下去，放下手中准备的饭菜，他主动去回家的必经之路上迎接杨阳洋。当道路的镜头出现爸爸身影的那一刻，杨阳洋再也控制不住，趴在爸爸的肩上无声地抽泣，什么都不说。但是，杨阳洋战胜了自己单独完成了任务。

【家庭亲子宝典：父母应给予孩子相应的成长空间】

杨阳洋的爸爸是冠军杨威，就如同冠军所背负的责任，杨威需要在比赛里将每一个项目在任何环境都做到最好，做到极致；受到了父亲的感染，无形中儿子杨阳洋也会以这样的标准来要求自己，杨阳洋希望，自己做的每件事情都会是最好的。

所以在一个新的事物出现时，杨阳洋首先思考的是自己是否能够把这件事情做到最好。如果是，他就会大胆去做；如果不是，他甚至选择不去尝试。所以在节目里我们会看到就连跟 Feynman 打招呼交朋友他也会考虑再三，疑虑、纠结、挣扎、反复放弃。

内向的孩子也是非常在意他人眼光的。杨阳洋不仅是在意冠军父母对他的期望，就连小伙伴们的无心，他也是不能放任不管，所以在接触 Feynman 时，他会考虑："Feynman 是不是喜欢我、Feynman 是不是没有看见我、Feynman是不是不想跟我一起玩？”

对于这种在意父母期望的孩子，他们把父母的意见放在了第一位。心理学家指出，如果这类父母期望过高，要求过高，孩子达不到要求的话，这些期望会给孩子造成巨大的压力，以影响孩子对下一阶段的参与度和集中度。

冠军爸爸杨威明白，儿子杨阳洋对自己参与的事情是有自己的标准和要求的，他无需给予孩子太多的压力。所以在杨阳洋参加比赛的过程中以及结束后，鼓励性话语都是占据到大多数的，只有杨阳洋在犯错的时候，他才会指出杨阳洋的不足，让杨阳洋注意到这些行为是不对的。

陈鹤琴先生说：“凡是孩子能做的，就让他自己做；凡是孩子能想的，就让他自己想。”所以在杨阳洋对新任务和新环境的过程中，杨威也给予杨阳洋充分的时间和空间作为缓冲期，以让杨阳洋考虑和适应这些变化，在这些变化中发现，其实自己是有能力去完成这些事情的。杨阳洋的自信心也在逐步提高。

维高夫斯基的“鹰架理论”也许会对家长有帮助。所谓鹰架可以理解为家

长是孩子成长过程不可缺少的脚手架。家长可以给孩子一些必要的协助，让孩子具备更高的自信度。家长要支持孩子独立完成任务，协助但不是代替他做，一旦成功了，孩子对自我的认可和自信度会逐步越来越高。家长的帮助可以避免产生信心危机，当发现孩子有足够能力和自信心走向更广阔的空间时，就“撤掉”鹰架。

为人父母，都希望自己的孩子充满自信而又落落大方，都对孩子有着各种各样切实或不切实的幻想。需要指出的是，父母对孩子的期望要与孩子的能力对等。父母对孩子有期望是人之常情，但却需要把握好度，对孩子的期望极高，要求也会比较高，如果达不到父母会有落差，这样的期望会让孩子有压力，长期如此会起到反面效果，孩子将会因为害怕自己达不到父母的期望而畏手畏脚。可以学一学杨威，给孩子一点点时间，让他自己去判断，去积聚力量，最终自己做成一件事。

当然，有时候杨威和杨云也会向杨阳洋“示弱”，“示弱”的方式能够让杨阳洋感受到，原来自己是被周遭的环境需要的，自己是有能力去

保护大家的。正如节目外杨威一家去动物园。看到蛇时，杨阳洋发现妈妈杨云有点害怕。杨云回答："有杨阳洋在保护我呢，有儿子在妈妈不怕。"妈妈的回答让杨阳洋感受到自己是被家庭需要的，自己也有能力让爸爸妈妈开心。

最根本的，孩子应具有好奇心和初生牛犊不怕虎的劲头，父母在确保孩子安全的情况下，要引导孩子去尝试和探索身边的各种事物，让他们在尝试或探索中了解事物的本质，增强自身能力，从而增加自信。

【父母课堂贴士】

1. 孩子是需要成长的。父母要给孩子们足够的时间和空间，让他自己慢慢学习、调整、成长。父母也应在这个过程中多观察孩子，体会他当前的处境和内心变化。如果孩子需要鼓励，那么就适当予以鼓励；如

果孩子有哪方面不足，那么父母就需要指出这些不足并及时引导孩子加以改正。

2. 及时肯定和赞扬孩子的良好行为并注意要将表扬具体化。赞扬的话语不能模糊不清，要让孩子知道自己能做什么，不能做什么，什么时间可以做得更好。此外，强势的父母有时也需要向孩子“示弱”，告诉孩子也可以把有些事情做得更好；在父母“示弱”的过程里，孩子也会感受到自己的能力。

3、孩子害怕时，不生硬地把他推出去。性格使然，有些孩子对尝新十分有兴趣，有些则比较保守。给孩子一点时间，不要用简单粗暴的方式违背孩子意愿，让他做没有准备好的事，以免孩子“一年遭蛇咬，十年怕井绳”。

第五章

吴镇宇家庭篇

宝 贝
吴镇宇
老 爸

酷爸吴镇宇：不一样的影帝爸爸

看惯了吴镇宇在大荧幕上时而铁血、时而神经质的超赞演技，当他首次以爸爸的形象亮相公众面前时，观众颇有些不习惯，一时间，“怎么还没有绑架爸爸、绑架孩子”的调侃不绝于耳。但8站的旅行看完，我们看到了影帝“吴三岁”的另一面，看到了他疼爱老婆孩子温情的一面，看到了他对儿子的殷切期望，看到了岁月在他身上留下的财富，这个铁汉子十足的正能量给了观众无限惊喜。

挖一挖影帝的过往八卦，不难发现，吴镇宇今日的辉煌成就，伴随着他艰难、坚定的付出。从小就万分淘气，一边做着 Office Boy（办公室杂工）一边发着明星梦，连考四次无线艺员训练班，眼见刘德华由师弟变作师兄，他还在电视台外徘徊，一狠心做了七天和尚，终于在 1983 年

被他考上了。

然而令人意想不到的是一个专业演员居然得了一种病叫“镜头恐惧症”，在镜头前会一下子僵住，好在他够拼命，在1987年参演无线剧集《生命之旅》扮一名叫杜朗贤的奸角成名。之后的十几年，吴镇宇拼命工作，但同期出道的梁朝伟都已经拿了戛纳影帝，吴镇宇才在1999年凭借《枪火》的精彩表演荣获第37届台湾电影金马奖影帝，也算得上是辗转之后终获大成。

荧幕上的吴镇宇常常以反派形象出现，让人恨得牙痒，几乎没有绯闻八卦，为他的普通生活状态蒙上了一层神秘，所以一传出他要带着儿子参加《爸爸去哪儿》的录制，让许多观众充满了期待，想象不出来这样一个男人做爸爸是什么样子的。

终于，当他带着清秀的儿子Feynman出现在镜头前的时候，观众都惊呆了。调皮的Feynman很快就笼络了亿万观众的心，成为了呼声极高的孩子，在节目播出的前几期，网友甚至都呼吁要求增加Feynman的出镜率。

和其他家庭不同，吴镇宇是唯一没有看过《爸爸去哪儿》第一季的爸爸，对节目的形态、规则几乎是一无所知，第一站的旅行，和儿子Feynman也不是一起从家里出发的，而是在重庆的机场汇合。所以我们可以看到第一站的旅行吴镇宇不是特别的适应，但节目越到后面，吴镇宇越是投入，连和小孩一起玩的游戏都非常认真。

对儿子Feynman，吴镇宇是非常严厉的，连主持节目的村长李锐都说过，当他发现Feynman有做的不好的地方或做错时，眼神是凶的，但是，只要Feynman做好了，他心中的焦虑就会消失，眼神立马就会变得非常温柔。

对儿子严厉的爱、无时无刻要求儿子独立，不娇宠，在教育孩子上，吴镇宇其实是很传统的，有着清晰的教育原则，是典型的中国传统严父。这与吴镇宇早年的经历是分不开的，辛苦打拼多年终获成功，他自己也曾说过，“我们家每年年夜饭都是我自己煮给家人吃的。我的弟弟妹妹是我养大的。”凭这一句话，就能够

明白，吴镇宇对生活会有着怎样深刻的感悟。时年已经53岁的吴镇宇，Feynman却才5岁，吴镇宇说，“因为人生无常，不知道哪一天我就突然离开这个地球了，还没把他教育好就不好了。”这一让人听了眼眶都会湿润的表达，是吴镇宇对儿子爱的凝聚。正因此，他心中有着浓烈的焦虑，他迫切地希望将自己一生的经验赶紧传授给儿子，迫切希望儿子能够赶紧长大、独立、坚强。

吴镇宇很急，小Feynman却活在自己的世界。对这一点，吴镇宇既希望儿子能够保持这种快乐，也认为：“小孩就像风筝一样，拉得紧了飞得不高，但是放得太松了，你很费劲扯得回来，我觉得爱与教育要平衡。”所以他一边是对Feynman浓得抹不开的爱，一边又非常的严厉，这种严厉既体现在语言上，也体现在行为上，他常常告诫Feynman“don't be a girl”，当Feynman做错事情的时候，教训起来也是毫不留情，但有时看到Feynman被教训到不知所措，又会有些后悔，赶紧再来安抚；他常常对Grace、杨阳洋等其他的小孩又亲又玩闹，但坚持“其他孩子跌倒了我一定去扶，Feynman我一定不扶”。正如吴镇宇自己所说，对小孩子的爱

与教育要平衡，但这种平衡其实是很难把握的，需要建立在更好的父子沟通上。然而，吴镇宇和 Feynman 的沟通却有些微妙，村长李锐也观察到，“Feynman 非常高兴的时候才会凑到爸爸跟前，平时还是要有点怕，（当吴镇宇开始碎碎念教育 Feynman 时）他有点刀枪不入，一副随你怎么说的状态。”

吴镇宇其实很懂 Feynman，在首次的旅行中，孩子们离开爸爸单独去市场买东西，吴镇宇连 Feynman 买东西的顺序都猜得丝毫不差，也在节目中说：“他就是不想表达，不是不懂表达，不想表达跟不懂表达是两回事。他这个性格有点像我，所以我都理解，因此也无所谓。”

但是，在对孩子的教育上，保持顺畅的沟通是一件非常重要的事情，吴镇宇和 Feynman 的沟通，更偏向于单向沟通，即以吴镇宇说为主，所以总能够看到吴镇宇在“碎碎念”。其实对孩子的教育最好是双向的，要用孩子听得进去的方式和语言。

但 Feynman 从爸爸身上学到的东西是很多的，例如坚持、坚强，在数次孩子的独立任务中，Feynman 都能够默默地坚持到最后，这也是他身上爆发出来的闪光点。这其实就是父亲对孩子的影响。

另外，可以看得出来，吴镇宇和 Feynman 沟通时是比较情绪化的，或者也可以说，并不掩藏自己的情绪，生气、愤怒、甚至有时还有嘲笑、好玩，常常会同时表达出来，例如在新叶古村 Feynman 不慎落水，吴镇

宇明明很心疼，但却一会责骂，一会安抚，这样的态度往往会让孩子无所适从，并缺少安全感，不知道家长的态度究竟是什么，也不知道自己究竟要怎么去做，久而久之，就可能会形成“你说什么归你说，我什么也没听进去”的状态。

但不管怎么说，在《爸爸去哪儿》，我们看到了一个不熟悉的吴镇宇，带着他最爱的孩子，看到他对孩子的爱和严厉，总能让人想到自己身边的那个严父；看到了他比孩子还要孩子的一面，这也是影帝爸爸可爱的一面。吴镇宇和 Feynman 之间的冒险还会有很多，我们也相信吴爸对 Feynman 的殷殷期望，会随着时间逐一实现，Feynman，加油！

第一课：爸爸的陪伴很重要，给孩子不一样的榜样效应

爸爸是孩子生命中非常重要的角色之一。当大多数妈妈承担着哺育孩子的工作时，爸爸就好像是另外一片天地，让孩子看到不一样的世界。每个孩子身上都会有爸爸的影子，可能就在爸爸从来没有想到的时候，孩子已经悄悄地从他身上学到了许多。

【节目情景再现】

泥地足球赛篇

在第一站武隆天坑，首次带儿子出镜的吴镇宇和其他的爸爸们就收到了《爸爸去哪儿》节目组的“坑爹”游戏安排——泥地足球赛。

节目组特地请来了黄健翔做裁判，让爸爸们和围观的观众们都惊喜不已。比赛分为两对，红队是由吴镇宇父子和杨威父子组成；白队由剩下的三个家庭组成。比赛很快开始,爸爸们纷纷鼓励孩子们走进了泥巴地，开始了艰难又有趣的比赛。在泥地中跑步踢球是个技术活，很快白队 3:0 领先红队，黄健翔在一旁看着也着急起来，一个劲儿地给红队加油。

就在裁判黄健翔询问村长是否已经到时间，孩子们却没有放弃战斗，发挥了他们惊人的战斗力，令老爸们欣慰不已。

白队曹格拦腰抱起奋力带球的红队 Feynman，走向对方球门。此时裁判哨响，判曹格犯规，正义的乡亲们一齐大喊“点球点球”，必须点球。

罚点球开始，Feynman在泥地里艰难前行，大有要为红队建功立业的架势。爸爸们看出了Feynman的心思，纷纷给予鼓励，Feynman眼神坚毅，俨然一个勇气十足的男子汉。但个子小小的他在泥地里前行还是很困难，不过纵使脚下的泥地差点脱了他的裤子，他也仍旧提起裤子继续战斗。就这样在没有障碍、没有防守的情况下，一步一步勇往直前，终于来到了球门前，Feynman把手里的球放下，准备射门。猛起一脚，哎呀，没进去。再来，用手一扔，球终于进了。吴镇宇一脸骄傲，真不愧是我的儿子！所有人都为Feynman点赞。裁判宣布，红队扳回一分。

有了Feynman的坚持，红队的杨阳洋也热血沸腾了，在球门前来了个三连踢，终于也进一球，2比3。裁判自嘲，觉得自己是最糊涂的裁判。小朋友们才不管这些，兴致高涨，彻底把泥地足球变成了泥地橄榄球。最后一球，杨阳洋踢进了对方球门。但小朋友们依旧无所谓，快乐第一，比赛第二。

裁判宣布，上半场时间到，3比3平。

徒手推西瓜篇

在甘肃白银，节目组特地为孩子们准

备了一场有趣的寻宝活动。寻宝的地点在一个黑漆漆的山洞，找不找得到宝藏，将决定爸爸和孩子们的午餐。

一拿到任务卡，Feynman 首先就按捺不住，不断询问有没有到 9 点，着急还没有到时间开始寻宝。终于到了 9 点，6 个孩子集合后，乘着驴车开始了寻宝之旅。

由于头一天下雨，山洞里还有不少积水，但宝藏在前，孩子们也忘记了害怕，手牵着手相互鼓励着往里面走。一步一步往里走，孩子们不断地发现宝藏，一路叽叽喳喳，情绪激昂。一路往里走，大家先发现了各种工具，然后找到了鸡翅、肉串、土豆等各种食材。最后居然找到了一个超级大西瓜。

孩子们的篮筐早已被各种食材塞得满满的了，面对这么大的一个西瓜，真是个甜蜜的负担，孩子们议论纷纷，都觉得很棘手，不好拿。

这时有人提议了，“把它滚出去呀！”

好办法，大伙儿一致觉得可行，于是分工合作，多多和杨阳洋先将一部分东西拿出去，剩下的孩子齐心协力将大西瓜从宝藏盒子里倒出来，

七手八脚的开始将西瓜往前滚。走着走着，Joe 带着 Grace 先往前走，去帮多多和杨阳洋拿东西，贝儿留在后面，由 Feynman 主要负责徒手推西瓜。滚西瓜也挺难的，尤其山洞里还有不少泥泞，不一会儿西瓜上结满了泥巴，变得坑坑洼洼更难推动。看到 Feynman 累了，贴心的贝儿想去帮忙，发现根本推不动，只好也往前走去帮多多。没办法，还是 Feynman 一个人坚持推着西瓜往前走。推呀推，终于将西瓜推出了山洞，见到了光明。

这个重见光明的大西瓜，估摸着也有 10 来斤重，孩子们背着那么多食材的情况下，还坚持不懈的，一个不落地将西瓜完整地运了出来，真是好样的！

【家庭亲子课堂——爸爸的陪伴带来不一样的成长体验】

这么重的西瓜，一个成人拿起来都倍感吃力，居然由一群孩子群策群力，然后一个孩子徒手运出了黑漆漆的山洞，这告诉了我们潜力真是可被挖掘。孩子呢，在家里大约是根本不用拿这么重的东西，但是在独自做任务的时候，居然也一刻没有喊辛苦，也一刻没有想过放弃，而是开动脑筋解决困难，爸爸妈妈在电视机前看到，大约也会感慨一下，我家孩子真棒！

在《爸爸去哪儿》中，我们总能看到 Feynman 调皮的样子，看到过他因为一开始不适应哭闹着想回酒店，也看到过爸爸严厉的教育他，要他“don’t be a girl”。但是我们也常常看到 Feynman 坚持的一面，例如泥地足球赛，当爸爸们都累了，跑不动了的时候，Feynman 还在坚持比赛，抱着足球踉踉跄跄从泥地的这一端走向那一端，终于进了一球，为红队赢得了一分，还鼓舞了杨阳洋；在寻宝任务中也是一样，心里想着要完成任务，终于将大西瓜运了出来。

不在爸爸身边的 Feynman，身上颇有几分爸爸的影子：坚持、认真。

就好像在甘肃白银，由爸爸们拍微电影时，一旦投入工作，吴镇宇那股赤膊上阵的认真劲儿，Feynman 小朋友可真是学得有模有样。

这就是在日常生活中爸爸对孩子潜移默化的影响。这种影响并不是教条式的，不可能转化成大道理去讲给孩子听，而是爸爸的一言一行，落在孩子眼里，孩子自发地吸收成为了自己的东西。

在家庭教育中，爸爸和妈妈的角色分工是不同的，孩子从父母身上受的影响也是不同的。当孩子刚出生时，母亲主要承担着养育的工作，所以在

孩子的世界，主要是对妈妈的认知，爸爸的存在，就是扩大孩子的认知，让婴儿在妈妈之外，知道还有另外一个人，叫做“爸爸”，促进孩子探索更广阔的外部空间。形象地说，妈妈是一棵树，爸爸是另外一棵树，孩子最开始在妈妈这棵树底下转，慢慢就会发现可以在爸爸这棵树底下转，直到他发现更远处还有一些树，就是幼儿园的小伙伴，后来就是他们在社会上生活中打交道的同事和朋友。爸爸就像是一个“中继站”，是帮助孩子社会化的通道。如果在孩子的成长过程中，孩子缺少了爸爸的“中继作用”，让孩子离开妈妈，直接跟社会他人打交道，对孩子就相对难度更高。

不仅如此，爸爸和妈妈对孩子在教育上起到的作用也是不同的，通常情况下，妈妈“以婴儿为中心”，当孩子哭闹时，给予积极的关注，更多生活上的照顾，帮助孩子形成幸福感和安全感；爸爸通常却没有那么“细心”和“贴心”，生活照顾上多少有些大大咧咧的爸爸，代表着社会规则，让孩子学习和适应“以社会他人为中心”，当孩子的行为符合社会他人的要求时，爸爸就予以鼓励和奖励，这样会促进孩子在母爱的基础上，在

自我中心的同时，也学会对他人的尊重。所以当孩子一开始和爸爸出门时，遇到挫折、困难和不安，总哭着、想着要找妈妈，曹格家的 Grace 如此，吴镇宇在有一次批评 Feynman 时也提到“你要去找妈妈嘛！”这就是当孩子小的时候，更容易依赖母亲的原因。甚至有些爸爸常常会吃醋，说孩子只喜欢妈妈不喜欢爸爸，也是由于父母在孩子面前所扮演角色不同原因导致的。

所以吴镇宇才有所感慨，在第二站旅行中，他对其他几个爸爸说：“我儿子从武隆回去之后，一点都没有改变，还是这样躺着看电视，要大人拿汤匙喂他吃饭。但是一来到这里，他就开始不让我帮他洗澡、洗头、刷牙，他知道要进入状态了。”这就是孩子和爸爸相处，与和妈妈相处截然不同的心理状态，难怪在一次采访中说“男孩女孩都应该跟爸爸出去一次，因为永远是妈妈带着你。”就是希望孩子能从他身上学到更多。例如在泥地足球赛后，吴镇宇只是草草地帮 Feynman 擦了一下，如果是妈妈在，那么肯定是非常细心地好好洗个澡，虽然看起来“粗野”了一点，但谁知道男孩子身上“爷们儿”的一面不是由此而来呢？

确实，在孩子成长的过程中，爸爸对孩子的影响是深远的，著名心理学家格尔迪说：“父亲的出现是一种独特的存在，对培养孩子有一种特别的力量。”当孩子逐渐长大，对于爸爸的陪伴非常渴望。在有些家庭，爸爸几乎扮演着孩子的玩伴的角色，带着孩子在家里“搞破坏”，共同“对抗爱唠叨的妈妈”，这样一些“小动作”，不仅是促进爸爸和孩子的感情，也让孩子的性格更加开朗。

当然，除了爸爸的主动陪伴，爸爸的一些行为也会对孩子造成很深的影响，例如努力工作，在生活中总是扮演做决策人的角色，遇到危险时对家人的保护，遇到困难坚持克服的行为等等，让孩子在仰望爸爸的时候，也默默学习到独立、自信、自主、勇敢、坚强、果断等优秀的品质。

好比吴镇宇和 Feynman，吴镇宇希望 Feynman 能够赶紧长大，独立坚强，虽然偶尔有碎碎念，但是，Feynman 身上所展现出来的坚持和认真等优秀品质，不是在爸爸的唠叨中学会的，而是看到爸爸的日常作风学会的。吴镇宇也从幼儿园老师那里了解到，“儿子喜欢爸爸接送他上下学，老师说能看出来是爸爸送来的，因为他的样子不一样，总是很骄傲地走进来”，看，孩子年龄虽小，心里一点也不含糊，知道自己的爸爸是很棒的，会很骄傲、很乐意去主动学习父亲身上的优点。

这就是爸爸给孩子的影响，是爸爸的榜样作用。

【父母课堂贴士】

1、无论爸爸多忙，都应该每天抽点时间陪伴孩子，即便是做点小游戏，甚至是抱着孩子转一圈，对孩子而言都是快乐的时光。

2、爸爸和妈妈在教育孩子上不仅要保持观点一致，分工也应该明确，妈妈尤其不应该在孩子面前经常数落爸爸，给孩子一个正面、积极的学习的榜样。

3、爸爸和妈妈之间有一定的相似性，也有性别和个性上的差异性，爸爸和妈妈要尊重这种差异性，在家庭教育中做到协商与合作，有些事情交给妈妈，有些事情交给爸爸，有些合作完成，给孩子创造一个民主的，独立自主的，尊重差异性的家庭氛围，促进孩子个体化和自我同一性的形成。

第二课：和孩子相处，请保持稳定一致的情绪与态度

孩子都会淘气，难免会有闯祸、不慎受伤的时候。遇到类似的情况，孩子有时会因为害怕遭到父母的责罚而不敢回家、不敢告诉父母。作为父母，当看到孩子蹭破的衣服、手臂等，或者邻居怒气冲冲的告状，还有孩子胆怯的眼神，到底应该如何是好？心疼吧，确实，却怕宠坏了孩子；责骂吧，确实生气，但又心疼，又怕责怪的狠了，孩子下回闯了祸真不敢回家，真是挺两难的。

在《爸爸去哪儿》中，淘气的 Feynman 在玩耍时不慎落水受伤，爸爸吴镇宇得知后，复杂的心情全都表现了出来，他的做法又是否合适呢？

【节目情景再现】

在新叶古村的第二天，Feynman在水塘边玩水时不慎跌入了水里，脸上也留下了擦伤，落水受伤后的他有些尴尬地在水塘边徘徊，仿佛拿不定主意是不是应该回家去。这时在家的吴镇宇从工作人员口中得知Feynman的事故后，颇为“口是心非”地说道：“就让他掉吧，我都觉得他应该是这样”。虽然嘴上说得轻松，脚下却匆匆往水塘边走去。

看到了Feynman，吴镇宇走到他身边询问为什么掉到水里，Feynman不知道怎样回答，只能继续尴尬地笑一笑，吴镇宇十分生气教育他：“那就玩啦，继续玩吧，上船再玩，再去玩，你别摸你的伤口了。”之后一把抱起Feynman，边往家里走边说：“为什么受伤不回家，还在这里晃来晃去，干吗？你自己想一下，受伤后就该回家换衣服、擦药。像个傻瓜一样站着！我都知道你会出事了，是吗？你今天很好地示范给所有中国小朋友看，什么叫危险！”

回到家之后，面对爸爸的严厉，Feynman不知所措地站在床边发愣，吴镇宇一边絮叨着批评“快点把衣服脱掉！”一边帮他换掉了湿透的衣物，嘴里念叨着“哦，爸爸爱你。”然后开始继

续严厉地碎碎念批评。帮 Feynman 换好衣服后，吴镇宇拿来镜子让 Feynman 自己看自己的样子，又一边有些忍不住嘲笑般的指着 Feynman 哈哈大笑起来。尴尬、懊恼，Feynman 终于忍不住大哭出来。

边处理伤口，吴镇宇边放缓了声音跟 Feynman 说："刚刚幸好有人说你掉水里了，如果不是，你就呆在水里面了，如果没有工作人员，如果不是拍节目，那你就掉在水里了，谁会救你上来……"后来吴镇宇表示说："因为我小时候也是，有时候受伤不敢跟父母讲，怕他觉得我调皮，但父母从来不会因为我受伤或怎么样，来责怪我。我觉得也理解，所以就用这件事让他知道，怎么处理，不用回避，他好多时候都回避那个问题。"

安抚完情绪后，吴镇宇告诉 Feynman："以后你在外面受了伤，一定要说给爸妈听，你知不知道？你以后受伤了就告诉爸爸，好不好？好不好？你保证，拉钩，好不好？爸爸爱你！爸爸爱你！你受了伤就告诉爸爸，第一时间你找爸爸，不然你说谁会帮你，在这个世界上……”说着说着，吴镇宇也哽咽了。之后他对着镜头诠释道：“这个世界上，就没有其他人的爱，能比得上父母的爱，尤其是在你受伤或者是有什么困难的时候。有时候我觉得，我在这个年纪，也会误解父母。但后来长大了，就特别想享受那个回忆，被妈妈打，妈妈一路哭，一路在训你，这种爱，现在没有小孩子能感受到那种比较原始的教育。你要永远记住，母亲流着泪打你，跟你讲道理，那个道理你永远都会记得。”

再之后，趁着 Feynman 累了睡着，吴镇宇又特地从箱包中翻出零钱，买了一瓶 Feynman 最爱的可乐悄悄放着，等 Feynman 起床后，给了他一个惊喜，之前落水受伤的乌云很快消失了。

到了晚上，父子俩又说起落水的事情，吴镇宇这时又耐心地告诉 Feynman，以后再坐船要怎么避免落水的技巧，告诉 Feynman 要从这次的事件中反省，以后不要再受伤了。忙碌的一天，父子俩这才安稳的进入了梦乡。

【家庭亲子宝典——家长应情绪稳定地教育孩子】

就像吴镇宇说的，小的时候，在外面犯了错，受了伤，心里头总觉得怯怯的，不敢回家、回家了不敢告诉父母。孩子并不懂得父母生气、发火的真正原因，只知道爸爸妈妈怒了，会骂人、甚至打人。直到长大了，才明白，父母心中其实是心疼多过生气的。

作为父母，遇到孩子闯祸、受伤的情况，当然是有情绪的，针对不同的情况，大致可以分为：孩子淘气闯祸——生气；孩子不慎受伤——心疼；孩子闯祸了还受伤了——又生气又心疼。而且常常是多种情绪交织在一起，所以会出现吴镇宇描述的“妈妈一路哭，一路在训你”的情形。

家长情绪的复杂，孩子当然无法体会，当孩子发生了上述状况，心中一定是害怕、无助的，他会根据自己的判断，来预设父母的反应，不想面对父母的责骂，所以才会选择逃避去解决问题。

就好像 Feynman，掉到水里还受伤了，心中早已惴惴不安了，明明害怕，却还是在水塘边晃来晃去不愿回家。吴镇宇得知后，见到 Feynman 的第一反应当然是询问情况，接下来便是："生气——责骂——安抚——责骂——安抚" 的过程。

和大部分父母的反应一样，吴镇宇教育 Feynman 的核心还是 "受伤了要第一时间回家找爸爸妈妈"，心里的状态也是：心疼儿子受伤，生气儿子为什么受伤了不回家。

但是，作为家长，吴镇宇在孩子面前同一时间表达的情绪过于复杂，不仅有责骂和安抚，甚至还有些嘲笑的夹杂，这样情绪的表达，在亲子教育上是不提倡的。

无论是孩子受伤、闯祸，或者是其他的任何事件，当孩子以 "当事人" 的身份在家长面前时，都需要家长明确的情绪表达，即明确的、稳定的表态。"明确" 和 "稳定" 的意义在于，家长的情绪稳定将直接映射在孩

子身上，当家长的态度明确，前后情绪一致时，孩子可以清晰的明白家长要传递的核心意思，对事件的发展能够有预见性，多次保持一致，会有延续性，会让孩子有安全感，因此情绪稳定，更容易建立信心；反之，家长的态度或情绪反应前后不一致、不稳定，孩子就有可能会困惑、不安。家长应该着力建立孩子的秩序感，需要保持对孩子态度、情绪的一致。

在吴镇宇处理 Feynman 落水的事件中，就可以明显地看到，吴镇宇又是生气责骂、又是安慰的态度，让 Feynman 颇为无所适从，爸爸都说了好几遍要脱掉湿衣服，可 Feynman 回到了家站在床边也不知道要自己要做什么，掉到水里害怕的情绪也不知道要怎么去表达了——这是困惑和无助。

这就是家长情绪不稳定、前后不一致时，孩子的反应：我也不知道要怎么办。家长和孩子之间这样的沟通方式，容易造成后续的效果是：以后碰到类似的事情，孩子依然不知道怎么办；甚至有可能伴随，屏蔽爸爸妈妈的教育，因为反正也弄不明白大人要表达什么，干脆什么也不

听了。所以，遇到类似孩子闯祸、受伤的事件，家长要想清楚，首先要让孩子明白和记住的是什么，无论是要“第一时间回家找爸爸妈妈”，还是“你这样爸爸妈妈会很担心 / 难过 / 生气 / 失望”都需要坚定、清楚的表达出来。

当然，针对某一事件，家长的情绪确实会很多元化，也希望将这种复杂的情绪传递给孩子，那么，这时家长要做的是分时间、有层次地传递，每一层含义都表达到位。例如孩子闯祸受伤了，较好的方式是：先安抚孩子的情绪，处理受伤的事情，告诉孩子不管遇到什么事，先回家来找家长；然后询问事情经过，表达生气 / 失望等家长需要让孩子了解的情绪。让孩子首先从他的惊慌情绪中走出来，能够在父母这里寻求到支援和安全感，以保证今后遇到类似事情，孩子不会逃避，然后再让孩子明白是非，以达到家长的教育目的，让孩子以后不要犯类似的错误。

【父母课堂贴士】

1、在和孩子相处的过程中，保持情绪的稳定，当家长有较大的情绪波动时，可以将孩子交给他人代为照看，等情绪稳定后再回来。

2、对待相同、相似的事情，处理的方式和态度要保持一致，不要随心情改变原则，以保证孩子处事的连贯性。

3、用积极、简单、清晰地表达告知孩子你的真实想法，尤其是当他犯了错、不安的时候，即便你很生气，也应告诉孩子生气的原因，而不仅让孩子害怕家长的怒气。

4、允许孩子从错误中学习，当孩子犯错时，让他明白问题出在何处，下次应怎么做，而不是一味责骂、惩罚，因为惩罚的价值是有限的，它只会让孩子关注不要做什么而非要做什么，并且它经常会把小事放大，尤其是年幼的孩子，往往记住了惩罚本身，却不能把惩罚和导致惩罚的行为联系起来。

第三课：沟通是个技术活儿

怎样和孩子沟通？这是个复杂的问题。孩子一天天长大，上学，交了朋友，没在你眼皮子地下也发生了许多事情。当父母询问孩子今天做了些什么，你希望孩子给你怎样的回答？是绘声绘色地描述有趣的事情，还是含糊地告诉你挺好的，或者是闷不做声？孩子越来越大，父母感慨越来越不懂孩子在想什么，孩子什么也不愿意告诉你，两代人的交流会不会就这样逐渐减少？作为父母的你担心吗？或者，父母是否可以想一想，孩子不愿意和你沟通，是不是你和他的沟通方式出了问题？《爸爸去哪儿》中，急着要“教好”儿子的吴镇宇，碰上漫不经心的Feynman，常常小火花不断的同时，不乏父子情深的温馨场面。让我们来看两个例子，做个小小对比，从而引申出关于“沟通”这个大大的话题！

【节目情景再现】

在第六站甘肃白银，6个孩子们聚集到一起，经历了一场精彩的寻宝之旅，又黑又长的洞穴，由于前一天下雨，洞穴里还有积水、泥巴，大家各自点了盏小灯，手牵着手慢慢探索，最后终于找到了所有的“宝藏”，圆满完成任务。

知道孩子们有这么精彩的一天，到了晚上休息的时候，曹格家的两个宝贝争先恐后通过电话跟妈妈报告这一天探险的成果，杨阳洋也通过手机视频向妈妈展示自己探险得到“宝藏”后给爸爸做的午饭，陆毅家则在屋外的玉米地边上跟妈妈视频，贝儿自豪的告诉妈妈“今天学了好多本领呢！”同样的时候，吴镇宇也在和儿子交流，他很想听 Feynman 亲口讲一讲今天都做了些什么。兴致勃勃的吴镇宇却只得到了 Feynman 漫不经心的“I forgot”的答案。

有些失望，有些不满，吴镇宇便问道：“你叫什么名字？”

结果 Feynman 的答案是：“I don't know.”

“你不觉得很奇怪吗？你这样。”吴镇宇说道。

Feynman 并没有察觉爸爸不满的情绪，并不回答，只漫不经心地哼着小曲儿自娱自乐。接下来几个问题，Feynman 都似是而非的回答“I don’t know”或者“I foget”。吴镇宇渐渐激动，终于训斥了 Feynman，然后意识到自己太过情绪化，父子两陷入沉默。

冷静过后，吴镇宇语将 Feynman 抱进怀里，Feynman 又大哭起来，吴镇宇眼眶也红了，两人又沉默了一会，吴镇宇抱着 Feynman 看着天空，说：“你根本没看过这个地方，就不想来了吗？好像第一天来这个果园你就说，在香港你有看到星星吗？如果没看到每个地方不同的美丽，你看。”这时的天空，浩瀚无垠，满天繁星，璀璨华丽。“曹格叔叔讲，他昨天晚上看星星，你有没有看到。在香港你没有机会看的东西，在这里就能看嘛，你看！”一个急切想要带儿子领略美好事物分享美好心情的父亲形象溢于言表。父子俩雨过天晴，Feynman 上床压在爸爸身上撒娇，累了，终于在爸爸的怀里安心睡着了。

后来吴镇宇对着镜头也说道：“以前他是顽皮，这一次是散漫。如果问他今天在学校学了什么，回答是不知道，那就根本是他在抗拒沟通。面对一些问题是不该用反话来回答的。如果遇到不熟的人，还真以为这就是真实感受呢。这就是拒绝沟通。”原来这才是他着急上火的真正原因！

与此对比的另一个例子是发生在第四站都江堰，孩子们受到“独立性挑战”，要离开爸爸独自去树屋过夜的时候。贝儿首先哭起来，宝贝们哭倒一片，连曾经说过“不想和爸爸出来旅游”的 Feynman 也对爸爸依恋不已，坚持要跟爸爸在一起。这时，吴镇宇对 Feynman 商量着说：“Joe 和姐姐不能离开爸爸，我们是不是要帮助他们？你可以独立嘛，Joe 就不能独立，你看！哭的人会变笨，Joe 和姐姐会变笨，所以呢，我们帮助他们，投票投给曹叔叔，好不好？”Feynman 会心一笑，表示同意。

好不容易安抚了宝贝们，开始要选树屋挑战的领队爸爸了，村长问：“我们先从 Feynman 这儿开始，好吗？除了你爸爸之外，其他的四个爸爸

你要选谁？”Feynman 回答：“曹格！因为 Joe 和姐姐很需要爸爸。”经过与爸爸商量的结果，善良的 Feynman 坚定无比。吴镇宇感觉儿子真棒，把儿子紧紧抱在怀里。

【家庭亲子宝典——用“我的”方式，还是用“我们的”方式来沟通？】

父母和孩子的沟通是一个严肃而复杂的话题。两代人之间的沟通，首要条件是理解。在这一点上,吴爸爸对儿子心思的把握细腻准确。比如，在第一站武隆天坑，宝贝们去市场上为爸爸买东西时，吴镇宇完全正确的估计了 Feynman 买东西的顺序：“先买爸爸的衣服，再买玩具，再买辣椒”。可见爸爸对儿子的思考逻辑是相当了解。

在上面举出的发生在第六站甘肃白银的事例中，各自忙了一天，夜幕降临，本应该是孩子和爸爸交流一下一天精彩故事的时候，然而，当吴

镇宇问起来的时候，Feynman 有些不明原因的抗拒交流。察觉到 Feynman 的小情绪，吴镇宇耐着性子问了些试探性的问题，也被 Feynman 以漫不经心的态度敷衍过去了。最后爸爸失去耐心，父子俩陷入僵局。吴镇宇事后总结，这是 Feynman“拒绝沟通”的典型反应。

沟通的第二个重要条件是平等的基础上进行互动。其实，以吴镇宇的聪明敏感，Feynman 的一举一动，他都对背后情绪了然于心。可是，了解不等于理解和认同。在采访中，吴镇宇说道：“这个世界上，就没有其他人的爱，能比得上父母的爱，尤其是在你受伤或者是有什么困难的时候。有时候我觉得，我在这个年纪，也会误解父母。但后来长大了，就特别想享受那个回忆，被妈妈打，妈妈一路哭，一路在训你，这种爱，现在没有小孩子能感受到那种比较原始的教育。你要永远记住，母亲流着泪打你，跟你讲道理，那个道理你永远都会记得。”村长李锐在一次采访中也谈到：“吴镇宇其实就是按照他小时候受到妈妈教育的方式在教育 Feynman。”有人说吴镇宇对儿子过于严肃，经常是不苟言笑的样子，吴镇宇是这样解释的：“我是觉得我对儿子严厉一点，慢慢对你开始笑的时

候，他就知道自己做对了。”

因为对母亲对自己从小的教养感恩，因为对自己和儿子间 48 岁年龄差别的不安，吴镇宇对待儿子的教养方面选择了直接的、稍显急迫的方式。无所谓对错，甚至同样方式，在不同环境，不同孩子的身上，效果也不尽相同。但在大的原则方面，沟通是双向的，讲求互动的技术，就像打网球，你来我往，才能持续进行，对待孩子尤其需要耐心和理解。与其一厢情愿用“我认为对”的方式进行沟通，不如放低姿态，从平等的角度，摸索双方都能愉快接受的方式。

吴镇宇说：“以前抱别人的小孩又怕，又不敢去太亲密，但是自己的小孩子多亲密就没事”，于是我们看到了节目中许多吴镇宇抱着儿子亲亲，怎么也爱不够的，简直叫人心都化了的温馨场景；当 Feynman 落水受惊，吴镇宇嘴上说不管，回家看到 Feynman 哭，又抱起来说“爸爸爱你”，“以后你在外面受了伤，一定要说给爸妈听，你知不知道？你以后受伤了就告诉爸爸，好不好？好不好？你保证，拉钩，好不好？爸爸爱你！爸爸爱你！你受了伤就告诉爸爸，第一时间你找爸爸……”痛惜之情溢于言表；

爸爸的理解是“他什么都知道，因为有时候讲不过他，所以你要趁着他有一些迷茫的时候教一下，他会听进去，他会记住。”于是我们看到了很酷很 man 的影帝爸爸经常对着儿子“碎碎念”。这样的慈父形象，这样浓郁的父爱，既不冷血，也不神经质，与银幕上的大反派形象完全不和谐嘛！

转头，吴镇宇又说，人生无常，怕哪一天离开了，还没来得及把儿子教好。他还说，“其他孩子跌倒了我一定去扶，Feynman 我一定不扶，你看我对他更好，其他孩子没有享受这个教育”。这就是吴镇宇相信的教育理念，很酷，很 man，深沉而内敛，对儿子具有很强的保护欲，同时对自己的榜样作用深信不疑。其实，也许可以试着放松一点，温和一点，给孩子一点时间，更加轻松的氛围，更加享受自由表达和互动沟通的愉悦。

当然，作为有着丰富人生阅历的吴镇宇来说，总能将自己的经验转化成“教育金句”，给 Feynman 讲、对着镜头讲的同时，也顺便让观众们受益匪浅了一把。

吴镇宇教育金句集锦

1、你不喜欢这里吗？那没办法，不是每个人都可以做自己喜欢的事，好像刚才你说你不喜欢比赛，结果正是因为你才赢了比赛，所以有时候做一点不喜欢的事也挺好的。（天坑泥地足球赛后）

2、你要适应生活，还要知道什么是危险。（爸爸采访）

3、其他孩子跌倒了我一定去扶，Feynman 我一定不扶，你看我对他更好，其他孩子没有享受这个教育。（爸爸采访）

4、以后你在外面受了伤，一定要说给爸妈听，你知不知道？你以后受伤了就告诉爸爸，好不好？好不好？你保证，拉钩，好不好？爸爸爱你！爸爸爱你！你受了伤就告诉爸爸，第一时间你找爸爸，不然你说谁会帮你，在这个世界上……（新叶古村，Feynman 落水后）

5、这个世界上，就没有其他人的爱，能比得上父母的爱，尤其是在你受伤或者是有什么困难的时候。有时候我觉得，我在这个年纪，也会误解父母。但后来长大了，就特别想享受那个回忆，被妈妈打，妈妈一

路哭，一路在训你，这种爱，现在没有小孩子能感受到那种比较原始的教育。你要永远记住，母亲流着泪打你，跟你讲道理，那个道理你永远都会记得。（新叶古村，Feynman 落水后爸爸采访）

6、男孩女孩都应该跟爸爸出去一次，因为永远是妈妈带着你。（爸爸采访）

7、他的性格很强的，但是他表现出来就无所谓，他什么都知道，因为有时候讲不过他，所以你要趁着他有一些迷茫的时候教一下，他会听进去，他会记住。（爸爸采访）

8、希望你们知道，碰到陌生的人和事不要害怕。人家的外表长得不好看，不代表他里面也是可怕的。（都江堰野人事件后）

9、我是觉得我对儿子严厉一点，慢慢你对开始笑的时候，他就知道自己做对了。人生无常，也许哪一天我就离开地球了，但还没来得及把他教好，那样就不好了。（爸爸采访）

10、Feynman 你愿不愿意接受这个挑战呢？愿意就可以了。接受挑

战是没有理由的。（都江堰树屋选爸爸）

看，影帝爸爸的人生智慧确实浩瀚，虽然有时很严厉，但抓住每一次机会和 Feynman 有目的沟通，让 Feynman 小小年纪就学到了爸爸的独立和坚强，值得我们为这父子俩点赞！

【父母课堂贴士】

1、要对孩子的沟通意愿进行回应。耐心聆听，即便你听不懂他在说什么。不要打断或提示，而是给予他时间把话说完，会让孩子更有兴趣表达和与你沟通。

2、和孩子沟通时，家长应和孩子处于同一纬度，不要采取一种高高在上的强势的姿态去面对孩子，那样只会让孩子不愿和你交流，亲和、温柔的态度，会让孩子与你更亲近。

3、当教育或批评孩子时，借助新鲜发生的事情，有的放矢，让孩子更容易理解和记忆。针对某一事情，逻辑清晰，适度延展即可，不要过于啰嗦，无限放大，以免产生反作用。

4、出现问什么都敷衍、或者语焉不详的情况，家长可以试图问得具体一点，让孩子有针对性地回答家长的问题，情绪引导顺畅后，孩子有可能主动交流更多；或者孩子还是不愿意交流，家长可以观察孩子的情绪，是否情绪低落，或者就是漫不经心不愿意理人，尤其是情绪低落需要及时处理，采取温和耐心的交流方式，引导孩子将心中所想逐一道出。当然，如果无论如何孩子也不愿意开口，家长也不用着急勉强，可以换一个孩子愿意交谈的话题，也是疏导情绪的好办法。

5、家长在和孩子沟通的时候要注意，不要过于啰嗦，话多不如话少，话少不如话好。当孩子已经明白了家长想要表达的意思时，若家长依然喋喋不休，是对孩子的一种冒犯。且教育孩子需要在合适的条件下，当遇到某件事情时，家长可以趁势给孩子讲讲道理，适度延展即可，但不要长篇累牍，无休止扯到很远的话题，尤其是孩子犯了错家长在批评的时候，点到即止就可以，千万不要因为一个小失误，被家长无限放大，以免打击孩子自信心和自尊心，或激起逆反心理。

硬汉柔情是为父

幼儿心理咨询师严艺家评酷爸吴镇宇

（严艺家：0－6岁婴幼儿情感及行为发展、孕产期及婴幼儿家庭心理咨询师；美国经典婴幼儿发展心理学著作《触动点》在中国的独家授权翻译者。）

在《爸爸去哪儿》第二季中，格外吸引我的是吴镇宇与儿子 Feynman 的组合：吴镇宇够 MAN，无论在银幕上还是生活中的形象都酷感十足，而 Feynman 似乎走的是萌系暖男路线，这让我很好奇反差如此之大的一对父子会在节目里擦出怎样的火花。

甫一出场，吴镇宇的那句“我都不知道这个节目是干什么的”似乎就奠定了他的冷面基调，之后对于工作人员在介绍了节目内容后的反问

更是让观众捏了把汗："你说和孩子一起度过一段幸福的旅行时光，你自己说着不心虚吗？"

是啊，不心虚吗？那边厢，Feynman正对着镜头给家人排序，这位看似冷面的父亲毫无悬念地被排在了最后一位。等节目一直进展到抵达天坑，吴镇宇"忤逆"摄制组的安排硬是自己扛着行李下山上山，我都未曾看到这位父亲脸上有过一丝笑容，真是够酷的。

转变出现在第一次游戏环节的时刻，在那个环节中，摄制组要求爸爸们头顶酒壶，谁顶的时间最久就可以优先获得选择住处的权利。吴镇宇在这个环节中的表现并不出色，但游戏结束的那一刻，他突然露出了罕见的笑容——虽然扎着小辫穿着潮服，但到底已是53岁的男人，隐忍与沉默在这个年龄并不鲜见，但我猜想，玩耍也许唤起了他内心非常深处的童真。有时候我会问周围朋友："你最后一次'玩'是什么时候？"大部分时候被问的人都会苦思冥想良久，甚至反问我："什么是'玩'？KTV是玩吗？去酒吧喝酒算吗？"

在电子浪潮和城市化席卷的育儿时代，"玩"的力量经常被忽略与低估了。

这里的“玩”不是对着屏幕活动手指，也不是沉浸在塑料与声光电的世界之中，而是在天地之间肆意活动肢体，以自然为材料去发掘与创造灵动。对儿童来说，“玩”是实现成长的必经之路，也是捷径。通过纯粹的“玩”，孩子们不仅可以学习与练习各种肢体以及心智技能，更可以在那样的设置下安全地试探内心各种幻想，并且释放张力。“玩”也可以让一个成年人暂时退行到孩童的状态，重新体验那种纯粹的快乐与探索，就仿佛是一次心灵的“二次发育”，这一过程简直可以视作是具有疗愈功效的：即使冷面如吴镇宇，在全身心参与了一次“玩”的过程之后，也开始变得有人情味了。经常有父母会问，到底什么是“与孩子共同成长”？——也许“一起玩”就是一种共同成长。

在节目进展的过程中，这对反差极大的父子却也在不经意之间变得相似起来，而“玩”又在其中起到了至关重要的作用。也许让父子俩真正产生了连结的是那场泥地里的足球比赛。整场比赛，吴镇宇都非常卖力，跑位积极，即使落后也不放弃。当比赛进展到最后，Feynman 在所有人的注视下踉踉跄跄但又坚定无比地进了一球，那个卖萌的小男孩似乎第

一次有了“担当”，让人全然忘记了昨晚他还是那个哭哭啼啼想要住宾馆的小孩子。这场烂泥地里的足球赛如果硬要被扣上一顶大帽子，就是西方育儿界非常推崇的 Roughhousing Game，对应的中文意思大致是“肢体冲撞类游戏”，这类游戏对于儿童尤其是男童的性格养成有着非常重要的意义：不同于那些温文尔雅的安静游戏，肢体冲撞类游戏更能培养孩子的勇气、果敢以及团队精神，也能让孩子在游戏中体会到冲突并不可怕，在遵守规则的框架内发生冲突是安全的，而冲突与情谊也并不矛盾。以上这些品质，可以说就是顶天立地的男子气概。这类游戏对男孩而言也是释放雄性荷尔蒙中攻击性部分的重要渠道，经常参加肢体冲撞类游戏的男孩可以在需要安静学习时更加专注。在东方传统文化中，更多时候讲求的是隐忍与礼数，更容易培养出儒雅范儿的男性。在养育男孩的过程中，引入一些肢体冲撞类的游戏，并且鼓励爸爸们以身作则参与到此类游戏当中，这不仅会对父子关系大有裨益，更是有利于塑造更为完整

的男性人格。

泥地足球赛后，吴镇宇回到住处洗衣服，看似大大咧咧地把脏衣服往水里一漂揉搓几下就完事，但当节目组问他为何不用乡亲的洗衣机时，喃喃自语说怕是把别人好不容易攒钱买的洗衣机弄坏。这种不经意间的细腻与柔情在吴镇宇身上经常可以被发现，虽然大部分时候，他是一个非常硬气的男人，带着 Feynman 第一次用简陋的茅厕时说“过完这个生活你就是男人了”；对闹脾气的杨阳洋说“把眼泪收藏往肚子里流”；对着镜头说“有时候我觉得做一点不喜欢的事是挺好的。”这些语句都让人联想到了迪斯尼动画片《冰雪奇缘》中的一句对白：Conceal it, don’t feel it.（隐藏那些感觉，不要去感受它们。）有时候成年人会教育孩子去压抑某些情感，或者通过某种方式促使孩子形成实际上的压抑，我并不想在这里评判这种教育方式的好坏，只想说被压抑的情感也许恰是这个成年人内心最柔软的地方。节目组曾问吴镇宇：“和 Feynman 一起旅行你会

照顾他吗？”吴镇宇头也不抬地说："照顾？他来照顾我就行了。”而事实上，吴镇宇不仅是那个最会做菜的爸爸，是会偷偷去买可乐让孩子开心的爸爸，也是会在给儿子上药时默默流泪的爸爸，之前那种看似不近人情的剖白仿佛就是为了保护自己内心这些最柔软的部分。这些看似矛盾的人格特质在一句不经意的叙述中被解释了，当被问起为何烧得一手好菜时，吴镇宇说："家里每年的年夜饭都是我做的，弟弟妹妹是我养大。”那一刻，他的隐忍与柔情，漠然与细腻，似乎都变得合理起来。家中排行老大的孩子往往会天然承担起更多责任并且给予更多关爱，他们更可能成为一个“付出者”，但与此同时，他们也很有可能是最容易被忽略的一个，仿佛他们在为每个家人着想的同时，却没有家人在为他们考虑更多。在东方家庭文化中，老大的付出与牺牲在很多时候是被视为天经地义的，久而久之，这种孤独感会常伴在老大们的人生当中。这种孤独感是如此的厚重，以至于他们会发展出类似于否认或者隔离的防御机制来避免自己沉溺在孤独所带来的痛苦感觉之中，吴镇宇就是一个非常善用“隔离”的爸爸，并且他也会无意识中把这样的防御策略教给儿子。更不要忘记吴镇宇是个演员，曾有人说，世上除了心理咨询师之外，共情能力最强的职业人

群可能就是演员，他们需要活到另一个人的身体里才能真正理解与诠释角色，而那样的过程必然是会唤起自身许多内在感受的，因为知道这样的过程会勾起自己内心的诸般痛苦，因此下了屏幕在生活中，很多演员都显得与周围人比较隔离，那可真不一定是在摆谱，我更宁愿相信他们需要隔离自己来喘口气。再一次的，笔者并不想评判这种心理策略的是非对错，只是希望通过这样的分析让读者多一份觉察：当那些部分被看见，我们就可以有所选择。

另一个有意思的细节是 Feynman 的妈妈一直以画外音的角色出现在这档节目里，虽然初衷可能是出于隐私保护，但在我看来那也是具有一定象征意味的。在精神动力学理论体系中，3-6 岁的孩子会经历一个名为“俄狄浦斯期”的阶段，在这一阶段中，孩子会比较愿意亲近异性父母，并且会最终经由这个过程完成对同性父母的认同。这一阶段的意义在于，孩子会充分了解性别角色的定位，并且形成与自身性别有关的那部分自我。具体而言，比如一个女孩会在 3-6 岁的时候非常愿意亲近爸爸，并且幻想自己可以嫁给爸爸，爸爸此时需要言行一致地表达自己最爱的

人是妈妈，于是女儿会逐渐认识到“只有成为像妈妈那样的女人才可以嫁给像爸爸那样的男人”，从而完成了对女性这一性别的认同。当然这一切的前提是，父母的人格都相对比较稳定健康，以及夫妻关系总体良好。这一过程对男孩会更有挑战一些，因为与母亲的连结是从出生那一刻起就强烈存在的，3–6 岁时的男孩会延续之前的连结继续亲近妈妈，如果妈妈没有足够的智慧与底气适时“推开”儿子让儿子有机会与爸爸独处，那么男孩就会难以完成对爸爸的认同，也就无法完整发展出自己作为男性的性别特质。吴镇宇太太在节目录制过程中的低调就是一种很好的示范：关注而不过多参与，避免过多评判丈夫的育儿方式，允许丈夫在与儿子相处时有自己的方式。养育男孩，不仅需要爸爸的参与，也需要妈妈的放手。

吴镇宇在节目中的绰号是“吴妈”，在一段时间的相处之后，他身上那些柔性特质越来越被 Feynman 以及周围人察觉，在一如既往硬酷的风格之下，他似乎也变得越来越轻松和富有人情味起来，甚至不经意间也展现出了儿子那种呆萌的特质。当父与子之间的连结变得紧密时，他们就仿佛成为了彼此的镜子，并且与对方发生了“共振”——共同成长的目的并不是为了所谓的“更好”，而是为了“更完整”，从这个意义而言，《爸爸去哪儿》见证了这对父子让彼此变得更加完整的过程，而这份见证对于每一位观众都是有意义的。